교육·심리·사회 연구를 위한

논문작성법

How to Write a Research Paper

For Students in Behavioral Sciences and Education

Injae Im & Shinyoung Kim

Seoul National University Press

교육 · 심리 · 사회 연구를 위한

논문작성법

임인재 · 김신영

서울대학교출판문화원

제2개정판을 내며

2006년 《논문작성법》 개정판 발간 이후 우리 학계에 일어난 큰 변화 중 하나는 연구윤리에 대한 관심의 증가라고 할 수 있다. 연구윤리의 위반은 연구자 본인에게 학문적으로 치명적인 손상을 줄 뿐만 아니라 그가 속한 연구기관과 더 나아가 국가의 이미지에도 부정적인 영향을 미치게 되므로 연구자의 연구윤리 확립은 대단히 중요하다. 이에 따라 연구자의 권리와 책임, 연구결과의 공표 방법, 표절과 그릇된 인용 등 연구부정에 대한 설명을 추가해 연구윤리의 중요성을 강조하면서 제2개정판을 내게 되었다.

논문이란 연구를 통해 새롭게 발견된 지식의 타당성을 입증하고 다른 사람들에게 연구결과를 전달하기 위한 글이다. 따라서 논문은 보통의 글과는 달리 독창적이고 논리적이어야 하며 일정한 형식과 체계를 갖추고 있어야 한다. 이런 요건을 제대로 갖추고 있지 못한 논문은 글솜씨가 수려하다 할지라도 논문으로서의 가치를 인정받을 수 없다. 논문 작성은 문제 발견에서부터 결과 공표에 이르기까지 단계적인 진행을 필요로 한다. 이 책의 제1장 '연구방법과 절차'에서는 문제해결을 위한 과학적 방법의 연구 진행절차, 연구결과의 공표 방법, 연구자의 권리와 책임 등에 대해 논의하였으며, 제2장 '논문계획서의 작성'에서는 자료의 수집 방법과 논문계획서의 예시를 통해 논문계획서 작성에 대해 설명하였다. 제3장에서는 논문 작성의 실제와 관련해 논문의 구성과 조직체제에 대해 설명하고, 인용 방법과 주석 기입 방법, 참고문헌 작성 등에 대해 자세히 안내하고자 하였다. 그리고 서울대학교 연구윤리 지침을 부록으로 첨부하여 연구자의 연구윤리와 관련된 세부 사항들을 참조할 수 있도록 하였다.

이 책은 주로 교육 · 심리 · 사회 연구에 관심있는 학생들을 대상으로 과제로 부과된 논문이나 연구레포트, 대학원 과정의 학위논문 작성에 참고가 될 수 있도록 쓰여졌다. 부족한 점은 앞으로 지속적으로 수정하고 보완해 나갈 것이다. 이 제2개정판이 발행될 수 있도록 애써 주신 서울대학교출판부에 감사드린다.

2008년 6월

임인재, 김신영

개정판을 내며

이제 《논문작성법》이 처음 출판된 지 10년이 넘었고, 학문의 발전에 따라 각 학문영역에서는 연구결과를 담은 논문이나 연구보고서의 정교한 체제와 형식의 적절성을 요구하고 있다. 이에 따라 학문의 연구란 어떤 절차로 이루어지며, 각각의 단계에서 무엇을 어떻게 해야 하며, 연구한 결과를 어떠한 형식으로 어떻게 표현해야 하는가에 대한 설명을 새롭게 강조하면서 이 개정판을 내게 되었다.

논문은 연구결과를 정리해서 표현한 연구보고서로, 내용의 독창성과 타당성뿐만 아니라 형식과 체제의 정확성도 요구한다. 이 《논문작성법》은 한 편의 논문을 계획하고 완성하기까지의 과정에서 요구되는 기술적인 면에 대한 일반적이고 핵심적인 지침을 제공하기 위해 집필되었으며, 연구결과 제시양식의 형식적 · 기계적 측면뿐만 아니라 연구의 과정과 관련해 '왜 그것이 필요한가' 를 설명해 보려고 노력하였다. 이 책의 제1장에서는 논문계획서의 작성과 관련해 연구의 방법과 절차, 논문계획서 작성의 필요성과 그 내용, 자료수집방법 등에 관해 논의하였으며, 제2장에서는 논문작성의 실제와 관련해 논문을 작성하는 절차를 연구의 과정별로 구분하고 각각의 과정에서 무엇을 어떻게 해야 하는가 하는 문제를 논의하였다. 또한 논문을 기술하는 형식적인 측면에서 참고문헌 작성 및 인용 방법을 비롯해 논문다운 논문을 작성하기 위한 양식들을 비교적 자세히 예를 들어 설명하였다.

주로 인문 · 사회계 학생들을 대상으로 하여 과제로 부여된 논문뿐 아니라 대학원 과정의 학위논문을 준비하는 데 참고가 될 수 있도록 작성되었지만, 이공계 분야의 논문작성에도 도움이 되리라 믿는다. 앞으로 《논문작성법》이 여러 독자의 지속적인 비평과 건의를 통하여 논문작성의 훌륭한 지침서로 발전될 수 있기를 기대한다.

2006년 2월

임인재, 김신영

초판 머리말

연구문제의 선정과 그것의 해결과정은 창의성과 융통성을 요구하고 있다. 그러나 그 연구결과를 보고하는 연구논문 보고서에서는 주어진 일정한 체제와 형식을 따를 필요가 있다. 연구보고서가 이러한 일정한 체제를 따라 제시되었을 때 연구결과의 보다 간결하고 체계적인 제시가 독자의 이해에 도움을 줌으로써 결국 연구결과의 보급과 적용 및 비판적 발전을 위한 한 기초가 될 수 있다. 또한 연구보고서에 대한 일정한 체제와 형식의 요구는 연구의 여러 필요한 측면에 대한 관심을 불러일으킴으로써 연구의 질을 높이는 데 기여한다고 할 수 있다. 이것이 바로 형식이 질을 높여주는 데 한 역할을 담당하고 있다는 예가 되리라 생각한다.

이러한 견지에서 전통적으로 각 학계에서는 연구결과를 담은 논문이나 연구보고서에 대한 일정한 체제와 형식을 요구하고 있다.

각 학계나 연구 · 출판기관 또는 대학 간에 체재와 형식에 대해서 서로 다른 점이 있으나 이것은 구체적인 수준에서의 어느 정도 의견 차이라고 볼 수 있으며, 그 근본적인 원칙과 취지에는 일관성이 있는 합의점이 있다.

본《논문작성법》에서는 인문 · 사회계를 중심으로 하여 실례를 들고 있지만 이공계 분야에서의 논문작성에도 도움이 되리라 믿는다.

본《논문작성법》에서는 연구결과의 제시양식에 있어서 어떤 형식적 · 기계적인 측면뿐만 아니라, 왜 그것이 필요한가 하는 점을 다루었다는 점에서 일반 논문작성법과 다르다는 점을 들 수 있다. 앞으로 이 책이 여러 독자의 계속적인 비평과 건의를 통하여 논문작성에 보다 훌륭한 반려자로 발전될 수 있기를 빈다. 끝으로 본《논문작성법》 발간에 헌신적으로 도움을 준 반재천 조교에게 깊은 감사를 표하고자 한다.

1993년 9월 연구실에서

임인재

논문작성법 차례

논문작성법 차례

제1장 연구방법과 절차

1 연구란 무엇인가?

연구(research)는 일상생활에서 흔히 사용되는 용어로서 '어떤 문제의 해결을 위해 깊이 생각하고 사리를 따져보는 일' 이란 의미를 지닌다. '연구' 란 용어를 사용할 때 우리는 항상 '해결해야 할 어떤 문제' 가 존재한다는 상황적 공통점을 전제한다. 연구는 어떤 문제의 해결 방법을 찾기 위한 활동이며, 개개인이 문제 해결을 위해 사용하는 접근방법은 다양하다.

우선 관습에 따라 문제를 해결하려는 시도를 들 수 있다. 이는 '까치가 울면 반가운 손님이 온다', '돼지꿈을 꾸면 횡재한다' 등과 같이 일상생활 속에서 반복해 들어 검증되지 않고 우리의 마음속에 자리잡게 된 습관적 신념에 따른 문제 해결 방식을 말한다. 습관적 신념을 통한 문제 해결은 익숙한 것이기 때문에 많은 사람들에게 쉽게 받아들여질 수 있다. 많은 사람들이 이를 따른다 하더라도 이는 검증되지 않은 공허한 해결책에 불과하며, 더욱이 연구논문을 습관적 신념에 기초해 작성할 수는 없다.

둘째, 권위있는 사람의 생각이나 말에 의존해 문제를 해결하려는 시도가 있다. 일상생활에서도 잘 모르는 분야의 문제 해결에는 전문가의 조언이 큰 도움이 되는 것처럼 연구논문을 작성하는 데도 선행연구를 살펴 해당 분야에서 권위를 얻고 있는 주장이나 명제로부터 문제 해결의 실마리를 얻을 수 있다. 그러나 이때 맹목적으로 권위자의 주장을 수용하는 것은 매우 위험하며, 우선 그 주장의 타당성을 따져 보아야 한다. 권위에 대한 맹목적인 수용은 문제 해결과 연구능력 향상에 도움이 못 된다.

셋째, 사실적 근거보다는 직관적 사고에 근거해 문제를 해결하려는 시도가 있다. 이는 경험적인 자료를 수집하기보다는 논리적이고 추론적인 사고과정을 통해 문제를 해결하는 방법이다. 논리적 추론은 문제 해결에 대단히 유용한 사고과정이지만 그 자체만으로 적절한 해답을 얻을 수 있는 것은 아니다. 왜냐하면 논리적 추론과정에는 오류 가능성이 항상 존재할 뿐만 아니라, 추론과정은 타당하더라도 직관적으로 옳다고 인정한 명제 자체가 참이 아닐 수도 있기 때문이다. 따라서 연구자는 직관에 의해 당연한 것으로 받아들여진 명제에 대해서도 늘 의심을 가지고 검토해 보아야 한다.

넷째, 위의 세 가지 방법과는 구분되는 것으로 과학적 방법과 절차에 따라 문제를 해결하려는 시도가 있다. 과학적 방법은 문제 해결의 근거를 신념, 편견, 가치, 태도, 감정 등과 같은 개인적인 요소보다는 개인 밖에 있는 객관적인 사실에 두며, 객관성(objectivity), 경험성(empiricism), 반복가능성(reproducibility) 등을 특징으로 한다. 즉, 과학적 방법에 의한 연구에서는 연구변인을 관찰 가능한 대상으로 객관화시키며, 경험적 근거에 의해 과학적 지식을 생성해 낸다. 또한 생성된 과학적 지식은 경험적으로 정확성과 타당성이 검증될 수 있어야 하며, 다른 연구자들에 의해 그 진위 여부가 반복적으로 검증될 수 있어야 한다.

이와 같이 문제 해결을 위한 접근방법은 다양하지만, 자연과 인간에 관한 여러 현상을 합리적 · 객관적으로 탐구하는 학문 영역에서의 연구는 과학적 방법에 의해 이루어진다. 연구는 문제 해결을 위해 체계적이고 과학적인 방법을 이용하고 이론을 정립해 가는 작업이다. 연구가 체계적이고 과학적인 절차를 무시한 채 이루어진다면 그 연구의 가치는 그만큼 저하된다. 연구의 가치는 연구의 규모나 결과에 의해 결정되는 것이 아니라 연구문제를 해결해 가는 절차가 얼마나 과학적이고 체계적인가에 따라 결정된다.

2
연구의 절차

1) 연구의 진행 절차

과학적 방법의 연구 진행 절차는 체계적인 연구의 진행 과정에 따른 인과적 구조를 이룬다. 한 단계의 내용은 후속되는 단계에 필요한 조건이 되며, 각 단계들 간의 조직이 논리적이지 못하면 좋은 연구결과를 만들어 내기 힘들다. 연구 진행 절차를 단계별로 정리해 보면 다음과 같다.

- 단계 1 — 관심 분야 선정
- 단계 2 — 관심 분야의 이론과 선행연구 고찰
- 단계 3 — 연구문제 선정
- 단계 4 — 연구가설 설정을 위한 이론적 배경 고찰
- 단계 5 — 연구가설 설정
- 단계 6 — 연구가설 검증을 위한 연구 설계
- 단계 7 — 자료 수집 및 가설 검증
- 단계 8 — 가설 검증 결과의 해석 및 논의
- 단계 9 — 연구결론 도출

위에 제시된 연구 진행 절차에서도 알 수 있듯이, 연구는 연구자가 자신의 관심분야에서 연구문제를 선정함으로써 비로소 구체화된다. 연구문제를 선정하였다면 연구의 반은 끝난 거나 다름없으며, 무엇보다 연구문제를 선정하는 일이 가장 중요하다.

연구문제가 선정되면 연구자는 이론적 배경의 탐색을 통해 연구문제에 대한 잠정적인 해답(연구가설)을 추론해 내고, 체계적으로 자료를 수집해 자신의 추론이 타당했는지를 경험적으로 검증해 보는 절차를 거쳐 연구결론을 도출하게 된다.

한 연구의 생명은 연구문제의 적합성과 문제해결에 필요한 타당한 연구방법의 적용이라는 두 가지 요건에 의해서 결정된다. 따라서 연구문제를 선택할 때는 모든 지혜를 다 동원하여 충분한 시간을 갖고 면밀한 사전 검토를 통해 연구의 타당성과 성공가능성을 진단해 보고 신중하게 결정해야 한다. 연구자는 애초의 집념에 사로잡혀 별로 성공할 가능성이 없는 연구과제에 귀중한 시간과 노력을 소모해서는 안 되며, 애초의 아이디어를 개선하거나 아예 포기하고 다른 과제를 탐색할 수 있는 개방성과 유연성도 지닐 수 있어야 한다.

2) 연구문제의 발견

연구문제를 발견하는 데는 어떤 특수한 방법이 정해져 있는 것이 아니며, 그 누구도 어떻게 연구문제를 찾아내고 선정해야 하는가에 대해서 구체적이고 분명한 해답을 줄 수는 없다. 연구자 스스로 관심 분야를 탐색하고 자신의 지적 호기심이 응결되는 곳에서 연구문제를 발견해야 한다. 이를 위해 다음과 같은 방법으로 접근한다면 도움을 얻을 수 있을 것이다.

첫째, 지도교수나 전공 분야에서 권위를 인정받은 교수가 진행하고 있는 연구에 연구보조자로 참여하거나, 직접 참여할 수 없는 경우라면 그 교수와 직접 혹은 서신교환 등을 통해 접촉하여 그의 연구관심과 학계의 동향에 관한 정보를 얻는다. 이를 토대로 관심분야의 주요 문제에 관한 상세한 정보를 체계화하고 연구문제를 생각해 본다.

둘째, 관심분야의 전공서적과 최근에 발표된 관련 논문을 읽고 거기에 적용된 방법이나 기술 또는 원리를 새로운 문제의 해결에 적용할 수 있는가를 생각해 본다. 기존의 연구에 적용된 방법이나 원리를 새로운 문제의 해결을 위해 적용해 본다는 것은 상당히 창의적인 활동이라고 할 수 있다. 학문 발전에 크게 기여한 과거의 많은 연구들도 이러한 독창적인 활동에 의해서 이루어진 경우가 많다.

셋째, 과거에 이루어진 연구 중에서 연구의 주제와 내용은 많은 장점을 지녔지만 연구방법, 표집, 측정도구 등 연구의 진행 과정에 치명적인 결점이나 미비점이 있는 경우에 이를 보충할 수 있는 새로운 연구를 시도해 볼 수 있다. 연구의 진행과정상 심각한 문제점을 지닌 연구로부터 도출된 결론은 의미 있는 결론이라 할 수 없으므로, 결점을 보충하여 타당한 결론을 내릴 수 있는 또 다른 연구를 진행한다는 것은 상당히 중요하고 바람직한 연구 활동이다.

넷째, 논문이나 기타 연구보고서의 논의나 결론 부분에 제시되는 해당 연구의 제한점 및 새로운 연구 제안이나 앞으로의 연구 과제를 주의깊게 읽고 평가해 본다. 물론 거기에 나타난 연구 과제는 현재의 상태로는 연구의 실천 가능성이 적고 그 제안이 상당히 추상적일 수도 있지만 가치 있는 연구 주제를 발견하는 데는 큰 도움이 될 수 있다.

다섯째, 연구의 주제가 한 개인의 가치나 신념에서만 비롯되어서는 안 된다. 왜냐하면 그런 연구의 결과는 다른 연구와 의미있게 관련을 맺을 수 없기 때문이다. 연구문제의 범위를 결정함에 있어서도 하나의 연구로써 한 학문 분야의 모든 문제를 한꺼번에 해결하려 드는 무모함을 버리고, 연구문제가 다루는 범위를 제한해야 한다. 되도록 연구의 범위를 좁게 한정함으로써 연구문제의 논리적 체계를 완벽하게 만들어야 한다.

위에서 제안한 연구문제의 발견을 위한 접근방법은 공통적으로 전공분야에 관한 최근 동향과 문제에 대한 깊은 관심과 비판적 독서를 요구한다. 비판적 독서를 위해서는 다음과 같은 독서습관을 지녀야 한다.

- 단순히 지식이나 내용을 흡수하는 데 그치지 않고 제시된 내용의 타당성을 검토하면서 읽는다.
- 문제해결의 방법이나 분석 방법 등에만 관심을 두는 것이 아니라 현재의 연구문제와 직접적으로 관련된 미해결의 문제가 어떤 것이 있는가에 관심을 갖고 읽는다.
- 제시된 논의나 논쟁이 타당한가를 검토하고, 어떤 결점이나 보충이 필요한가를 생각하면서 읽는다.
- 필자의 논거, 논리, 기본 가정 또는 가치관이 무엇인가를 발견해 가면서 읽는다.
- 연구결과를 다른 각도에서 보려고 노력하면서 읽고, 불일치하는 이론이나 견해를 극대화하거나 극소화해 본다.
- 연구결과를 적용하는 데 발생할 수 있는 예외적인 상황을 생각해 보며 읽는다.
- 의심나는 부분에 대해서는 그 분야의 전문가에게 그것에 대해 질문한다.
- 어리석은 질문도 쉽게 포기하지 않고 곰곰이 생각하면서 읽고, 해명되지 않은 문제는 메모해 두고 잠시 휴식을 취하도록 한다.

3
연구결과의 공표

모든 지식은 공적으로 소유되고 이용되어야 한다. 지식을 어떤 목적으로 어떻게 사용하느냐의 문제는 지식사용자의 도덕적 책임에 관계되며, 그에 대한 평가는 지식이 사실대로 공표된 후에 가능하다. 따라서 연구자는 자신의 연구결과를 적극적으로 그리고 지적으로 정직하게 발표해야 할 의무가 있다. 연구결과는 논문의 형식을 빌려 공표하게 되며, 논문에는 과제논문(report, term paper), 학위논문(thesis, dissertation), 일반적인 학술논문(research paper, article), 평론(essay) 등의 다양한 유형이 있다.

이들은 논문작성의 동기, 수준, 규모에서는 차이가 나지만, 양식과 체제를 갖추고 연구결과를 논리적으로 정연하게 기술하여 공표한 글이라는 점에서는 공통점을 지닌다. 논문이 양식과 체제를 제대로 갖추고 있지 못하다면 이는 독자들의 이해를 방해하게 된다. 따라서 어떤 유형의 논문이건 연구결과가 정확하게 전달될 수 있도록 하기 위해서는 형식화된 외형을 갖추고 연구자의 주장과 견해가 명확하게 드러날 수 있도록 작성되어야 할 것이다. 학기 도중 학생의 지적 성장을 촉진하고 논문작성의 연습기회를 제공하기 위해 학생들에게 부과되는 report나 학기말에 작성 · 제출되는 term paper와 같은 과제논문도 다른 학술논문과 동일한 양식과 체제를 갖추고 작성되어야 그 목적을 달성할 수 있을 것이다.

최근에 일부 연구자들이 연구결과를 공표하면서 진실을 왜곡하고 연구의 진실성을 훼손하는 사례가 밝혀지면서 공표방법과 연구윤리에 대한 관심이 높아지고 있다. 연구결과를 공표하면서 연구윤리를 훼손하는 행위는 학문공동체의 성장 동력을 파괴할 뿐만 아니라 크게는 국가의 위신과 장래까지도 훼손시킬 수 있다. 진실성이 결여된 연구결과의 공표를 통해서는 진리에 도달할 수 없고 학문 발전에 기여할 수도 없다. 따라서 연구자들은 연구의 진실성 확보를 위해 최선을 다하고, 연구결과 공표와 관련된 연구윤리를 준수해야 할 것이다.

학문 연구에서는 무엇보다 연구의 자유와 창의성이 중시되어야 하지만 그 못지않게 연구과정에서의 도덕성과 자기규제가 전제되어야 한다. 연구자들이 연구결과를 공표함에 있어 진실성 확보를 위해 점검 · 준수해야 할 사항들을 살펴보면 다음과 같다.

우선, 연구자는 연구내용이 학계와 사회에 어떻게 기여할 수 있는가를 분명히 함과 동시에 연구결과가 새로운 발견 혹은 새로운 견해이거나 기존연구에 대한 새로운 해석 혹은 기존 연구의 발전적 이해임을 밝힐 수 있어야 한다.

둘째, 연구자는 연구결과를 신속하고 정확하게 발표하려는 노력을 기울여야 하고, 연구데이터를 연구자 개인의 이익을 위하여 고의적으로 왜곡하지 말아야 한다.

셋째, 이미 공표된 타인의 연구결과 중 핵심 개념의 전부 혹은 일부라도 이를 인용 없이 본인의 연구 개념처럼 발표할 경우 이는 연구표절로 연구부정행위에 해당하므로 이런 행위는 절대 금해야 한다. 통상적으로 타인 논문에서 연속적으로 두 문장 이상을 인용 없이 동일하게 발췌해 사용하면 이는 연구표절에 해당되므로 타인이 앞서 발표한 연구내용을 인용 없이 그대로 사용하는 일이 없도록 하고, 연구결과를 공표하기 전에 혹시 그런 일이 없었는지를 철저히 검토해야 한다. 또한 이미 발표된 연구데이터의 전부 혹은 일부를 인용 없이 그대로 사용하거나 다른 형태로 변화시켜 사용한 경우도 연구표절로 연구부정행위에 해당한다.

넷째, 연구자 본인의 연구라 할지라도 동일한 연구결과를 동일 언어 또는 다른 언어로 중복하여 공표했을 경우 이는 중복게재로 연구부적절 행위에 해당한다. 또한 대부분의 연구 데이터가 같고 대부분의 문장이 같은 경우도 중복게재로 판단될 수 있으므로 이를 피해야 한다. 논문에서 발표된 연구결과들을 모아 저서로 출간하는 경우는 중복게재로 판단되지는 않으나 이 경우에도 이미 공표된 결과들을 충실히 인용해야 할 것이다.

다섯째, 연구자의 애초의 예상과 다르게 나온 '부정적인 연구결과'는 연구자에게 환영받지 못하고 세상에 공표되지 않는 경우가 흔히 있으나 이는 바람직하지 않다. 만약 연구가 타당하게 이루어진 것이라면 부정적 연구결과라 할지라도 새로운 지식을 제공할 수 있다. 따라서 그것 나름대로의 가치를 인정할 수 있어야 하며, 얻어진 연구결과를 정직하게 공표해 독자가 올바른 지식을 얻는 데 일조할 수 있도록 해야 한다.

각 학문 분야의 특성에 따라 공표되는 논문의 많은 부분이 새로운 연구결과의 설명을 위해 앞서 발표된 연구결과의 설명에 할애되기도 한다. 따라서 공표되는 연구결과가 연구윤리를 준수하고 있는지는 해당 학계의 전문가들이 합의해 결정하게 되며, 연구자들은 해당학계가 합의한 연구윤리를 숙지하고 연구결과를 공표할 때 이를 준수해야 한다. 연구부정행위 등 연구결과 공표와 관련된 좀 더 상세한 사항은 부록에 제시된 '서울대학교 연구윤리 지침'과 각 학계가 발표한 연구윤리규정을 참조하기 바란다.

4 연구자의 권리와 책임

연구자는 연구주제를 자유롭게 선택할 권리를 가지며, 자유롭게 연구를 계획하고 수행해 연구결론을 도출하고 연구결과를 공표할 권리를 지니며, 신분 · 나이 · 성별 · 인종 · 종교 등을 이유로 차별받지 않아야 한다. 반면 연구자는 자신이 연구결과에 어떤 영향을 미치지 않도록 가급적 공정성을 유지해야 하며, 자신이 수행하는 연구에 대한 책임과 의무를 다해야 한다.

무엇보다 연구자는 인류의 기본가치를 중시해야 하며, 공공의 이익을 우선시해야 한다. 연구자는 연구를 수행하면서 연구의 진실성과 개방성을 유지하며 연구에 대한 충실성과 엄밀성을 지켜야 한다. 그리고 모든 연구진행절차를 사실의 왜곡 없이 자세하게 기록으로 남겨야 한다. 또한 연구자가 자연환경을 손상시켜서는 안 되며, 연구실 안전을 유지하고, 생명체를 대상으로 연구할 경우에는 생명윤리를 준수하고 관련 법률과 윤리적 규범을 준수해야 한다. 연구자는 연구를 수행하면서 연구자가 속한 학교와 학계의 이익을 먼저 고려해야 하며, 연구자 개인의 이익이 연구자가 속한 대학 혹은 학계의 이익과 상충될 경우 연구자는 이를 학교나 학계에 미리 보고하고 해결해야 할 의무를 지닌다.

보다 상세한 연구자의 권리와 책임에 대해서는 부록에 제시된 '서울대학교 연구윤리 지침'과 각 학계가 발표한 연구윤리규정을 참조하기 바란다.

제2장 논문계획서의 작성

1

논문계획서 작성의 필요성

논문계획서는 대학이나 대학원 학생이 학위논문을 쓸 때 연구계획에 대한 검토와 지도를 받기 위하여, 대학에서 연구 연습용으로, 연구비의 신청을 위해, 또는 정부나 연구자금 후원기관에 승인과 예산을 얻기 위한 목적 등 다양한 목적으로 작성된다. 일반적으로 학위취득 논문을 쓰기 위해서는 연구 논문을 진행하기 전에 논문계획을 일정한 시기에 발표해야 하므로 논문계획서를 반드시 작성해야 한다. 이러한 절차상의 요구 외에도 논문계획서의 작성은 연구의 전체적 윤곽을 파악하고, 연구 내용 및 연구 방법 등을 면밀히 검토해 보기 위해 반드시 필요한 것이다.

아무리 그럴듯하게 계획된 논문이라 할지라도 이미 이루어진 연구 내용을 변용 없이 반복하거나, 그릇된 방법으로 연구를 진행한다면 연구논문으로서의 가치가 없다. 왜냐하면 이미 알려진 사실과 주장을 되풀이하는 것은 학문발전에 전혀 공헌하는 바가 없으며, 적합지 못한 방법으로 얻어진 연구 결과에는 타당성과 신뢰성을 부여할 수 없기 때문이다. 따라서 연구자는 연구를 본격적으로 수행하기 전에 논문계획서를 충실히 작성하여 연구의 유용도와 성공가능성을 면밀하게 검토하고 검증받아야 한다.

학위논문 작성을 위한 학생연구(student research)는 연구자에게 요구되는 자질을 높이기 위한 수단으로 수행되는 연구라고 할 수 있다. 따라서 학생연구에서는 연구의 결과보다는 연구의 과정에 보다 큰 비중을 두며, 연구결과를 어느 정도 타당하게 얻을 수 있었느냐가 평가의 기준이 된다.

학생들은 여러 번의 시행착오와 전문가의 지적 등을 통해 연구문제를 선정하고 구체화하는 방식, 연구를 설계하고 연구를 진행하는 방식, 연구보고서를 작성하는 방식 등의 연구 방법을 배워가게 된다. 시행착오와 전문가의 지도를 거치면서 연구를 계획하고 연구 방법을 터득해 가는 그런 경험은 모르는 것이 특권인 학생의 신분에서만 가능한 것이다.

하나의 거대한 건축물이 이루어지기 위해서는 건축설계가 있어야 하며, 건물의 건축과정은 설계를 그대로 집행하는 과정에 불과한 것이다. 한 연구의 연구계획서는 건축설계와 비슷한 것으로, 연구계획이 정밀하게 이루어졌을 때의 연구진행 과정은 수립된 계획을 집행하는 과정에 불과하다.

따라서 연구계획에 충분한 시간을 할애하여 연구문제를 명백히 하고 연구진행 과정에서 당면하게 될 문제점을 미리 예견하여 방안을 마련할 때 실제 연구의 진행은 쉽게 이루어질 수 있다.

구체적으로 논문계획서를 작성하였을 경우에 얻을 수 있는 장점을 정리해 보면 다음과 같다.

- 연구문제와 연구진행 과정을 구체적으로 명료화함으로써 조직적으로 사고할 수 있게 하고, 연구계획상의 결점이나 불합리한 점을 사전에 발견하여 교정할 수 있게 한다.
- 연구의 진행에 앞서서 필요한 자료의 수집과 진행 절차를 명백히 해주며, 연구를 수행하는 과정에서 잊기 쉬운 사항들을 진행 순서대로 기억할 수 있게 도와준다.
- 타인에게 연구계획에 관한 비평과 제안을 받고자 할 때 정확한 의사소통을 위한 기본적인 방편이 된다.

2 논문계획서의 작성 내용

연구 진행의 초기 단계인 연구계획 단계는 연구문제를 명료화하고 연구를 구체적으로 설계하는 가장 중요한 단계이다. 따라서 이 단계에서 가장 많은 시간과 노력을 경주하게 되며, 때로는 실제 연구에서보다 더 많은 시간을 보낼 수도 있다. 학문발전과 인류에 커다란 공헌을 한 많은 연구들이 실제의 연구과정보다 그 계획 단계에 몇 배의 많은 시간을 소요했다는 사실을 보더라도 연구계획 단계가 얼마나 중요한가를 알 수 있다. 연구계획 단계에서 서둘지 않고 충분한 시간과 여유를 지니고 치밀하게 준비할 때, 의미 있는 연구 문제를 선정할 수 있게 되고 체계적인 연구의 진행을 통해 타당한 연구 결과를 얻을 수 있을 것이다.

논문계획서를 작성할 때 어떤 일정한 형식을 꼭 따라야 하는 것은 아니지만, 연구계획에 대한 체계적인 검토와 명료한 의사소통을 위해서는 연구 진행절차의 논리적 조직에 근거한 일반적인 체재를 따르는 것이 효과적이다. 논문계획서는 실제자료와 그 분석결과가 제외된 축약된 연구논문이라고 할 수 있으며, 포함되는 일반적인 내용영역은 다음과 같다.

1. 연구문제와 연구목적 관련 내용
2. 선행연구고찰 관련 내용
3. 연구방법 관련 내용
4. 예상되는 연구결과 관련 내용

연구문제의 성격에 따라서 논문계획서 중 어떤 부분은 보다 자세하게 명시해야 하는 반면, 어떤 부분은 간략하게 설명하거나 또는 생략할 수도 있다. 연구문제와 연구방법을 중심으로 논문계획서에 포함되어야 할 중요한 항목과 각 항목과 관련해 진술되어야 할 세부 내용에 관해 살펴보면 다음과 같다.

1) 연구문제

연구에서 해결하고자 하는 연구문제는 분명하고 구체적으로 진술되어야 한다. 서론이나 연구의 필요성과 목적 등을 진술하는 도입 부분에서는 일상적인 용어로 일반적 수준에서 연구문제에 관해 진술하는 것이 좋으며, 다음 부분에서 이것을 다시 몇 개의 구체적인 연구문제 또는 가설들로 세분화해 명시한다. 연구문제나 가설은 그 문제를 해결하기 위해 어떤 방법과 정보가 필요한가를 가늠해 볼 수 있을 정도로 명료하고 구체적으로 진술되어야 한다. 연구의 목적이나 가설 설정의 타당성을 명백히 하기 위하여 연구의 필요성, 연구문제의 역사적 배경, 이론적인 근거 등을 간결하게 설명하는 내용 항목을 연구문제에 관한 진술 부분에 포함시키도록 한다.

현장조사연구의 성격을 띤 연구는 현재 당면한 실제적인 문제해결에 관심이 집중된 연구이므로 과거에 이루어진 관련 연구가 없거나 이론적 배경이 없을 수 있으므로, 연구의 필요성과 연구목적에 관한 내용을 강조하여 연구문제의 타당성을 명백히 해야 한다. 이 같은 연구에서는 가설을 설정하기보다는 연구목적을 상세화하고 연구문제를 구체적으로 진술하는 것이 더 적절하다. 반면, 연구의 출발이 과거의 연구와 관련된 어떤 이론적인 근거에 토대를 둔 경우에는, 이론적인 체계에서 논리적으로 자연스럽게 유도되는 결과를 연구문제의 가설로 표현하는 것이 적절하다. 이런 경우에는 설정된 연구가설을 뒷받침해 주는 선행연구와 이론적 배경을 기술하는 내용이나 항목이 반드시 삽입되어야 할 것이다.

연구문제의 진술과 관련된 논문계획서 내용목차 형식의 실례를 들면 다음과 같다.

〈예 1〉

(1) 연구의 필요성과 목적
(2) 연구문제
(3) 이론적 배경
(4) 연구가설

〈예 2〉

(1) 서 론
a. 연구의 목적과 필요성
b. 연구의 범위와 내용

〈예 3〉

(1) 연구의 목적
(2) 연구문제
(3) 선행연구의 고찰
(4) 가설의 설정

〈예 4〉

(1) 주제선정의 취지
(2) 연구목적
(3) 연구문제와 범위
(4) 이론적 배경

〈예 5〉

(1) 문제의 제기
(2) 연구의 의의
(3) 용어의 정의와 기본가정
(4) 관계문헌의 고찰

〈예 6〉

(1) 연구의 필요성
(2) 연구의 목적
(3) 연구의 내용

2) 연구방법

연구문제에 대한 진술 후 연구자는 연구문제의 해결을 위한 접근방법에 대해 전반적인 설명을 해야 한다. 즉 연구의 방법과 절차, 문제 해결의 주요 전략과 기술, 실험 방안, 측정 도구 및 연구진행 순서 등에 관한 상세한 기술이 필요하다. 또한 특정 연구방법을 적용하는 데 필요한 가정이 있다면 이를 명시해야 하며, 실험설계나 적용된 연구방법이 연구목적에 적합한지에 대한 정당성도 제시되어야 한다.

연구방법에 관한 진술 부분에서는 전반적인 연구방법에 관한 진술과 더불어 연구방법의 타당성과 절차를 명료하게 밝히기 위한 항목을 설정해 진술해야 한다.

(1) 연구대상(전집과 표집)

전집(또는 모집단)이란 연구의 결과를 일반화할 수 있는 전체집단을 의미한다. 연구 결과를 한 도시의 중학교 1학년에게 일반화하려는 경우에는 전집으로서의 중학교 1학년 집단의 특성과 그 한계를 명시해야 한다. 물론 전집에 속한 전체 구성원을 연구대상으로 삼을 수는 없으므로 전집으로부터 연구에 사용될 표집(또는 표본)을 추출하는 방법을 선정해 연구대상을 표집해야 한다. 이때 표집 방법은 연구에서 얻어진 결과를 전집에 일반화할 수 있도록 편파적이지 않고 전집을 대표할 수 있는 집단을 표집할 수 있는 방법이어야 한다. 조사 연구(survey type)에서는 전집과 표집과의 관계를 명시하는 것이 중요하며, 실험 연구나 분석적 연구에서는 연구에 사용될 표집의 특성을 보다 명확히 기술해야 한다.

(2) 자료의 수집 방법과 연구도구

자료의 수집 방법, 실험진행 절차, 검사도구의 특성과 타당도와 신뢰도 등에 관해서 구체적으로 진술해야 한다. 예컨대 설문검사 도구를 사용하는 경우에는 사용되는 검사의 내용과 특징, 검사도구의 양호도, 검사실시의 방법과 조건 등을 명시해야 한다. 면접방법에 의해서 연구를 하는 경우에는 면접의 성격과 절차 및 내용, 면접수행에 적합한 면접자의 특성 등이 기술되어야 한다. 또한 실험연구에서는 적용된 실험과 도구에 대한 설명과 실시 방법 및 진행 절차를 명시해야 한다.

(3) 자료 처리와 분석 방법

자료 처리에 적용될 분석 방법을 명시한다. 분석 방법은 자료가 수집되기 전에 미리 고려되어야 한다. 분석 방법에 대한 탐색 없이 많은 경비와 노력을 들여 자료를 수집했을 경우, 수집된 자료를 정리하고 분석할 수 있는 적합한 통계적 방법이 존재하지 않는다면 많은 손실이 발생하기 때문이다. 통계적 분석방법에 관해서는 통계전문가와 사전에 상의하는 것이 좋다. 통계적 방법은 연구목적을 달성하기 위한 수단이므로 연구문제의 해결에 적합한 통계적 방법이 적용될 수 있어야 한다.

무엇보다도 설정된 연구의 목적과 문제가 통계적 방법의 적용을 위해 왜곡되는 일은 없도록 해야 한다.

연구방법에 관한 진술부분에 구체적으로 제시되는 내용이나 항목은 연구문제의 성격에 따라 다를 수 있다. 연구방법의 진술과 관련된 논문계획서 내용목차 형식의 몇 가지 예를 제시해 보면 다음과 같다.

〈예 1〉

(1) 연구방법
- a. 연구대상
- b. 측정도구
- c. 실험방법 및 절차
- d. 연구기간

〈예 2〉

(1) 연구방법
- a. 조사대상 및 표집방법
- b. 측정방법
- c. 자료처리방법
- d. 연구기간

〈예 3〉

(1) 연구방법
- a. 대상
- b. 도구
- c. 연구절차

〈예 4〉

(1) 연구방법
- a. 연구절차
- b. 전집과 표집방법
- c. 분석자료의 내용
- d. 분석방법

〈예 5〉

(1) 연구방법
- a. 측정대상과 측정방법
- b. 표집방법
- c. 측정도구
- d. 분석절차

〈예 6〉

(1) 연구방법
- a. 실험대상과 표집방법
- b. 실험도구
- c. 측정변인
- d. 실험방안
- e. 분석방법

한 논문계획서에는 적어도 연구문제의 진술, 연구문제의 이론적 배경, 연구문제를 해결하기 위한 연구방법에 관한 내용이나 항목이 반드시 포함되어야 한다. 그러나 논문계획서 작성의 목적과 연구의 성격에 따라 어떤 항목을 강조하거나 새로운 항목이나 내용을 첨가하는 것이 바람직한 경우도 있다. 예를 들면 연구자금의 후원을 얻기 위하여 연구자금 후원기관에 논문계획서를 제출하고자 하는 경우에는, 연구방법이나 절차에 관해서는 간략하게 요약하고 연구문제의 중요성과 기대되는 결과는 강조하면서 연구원의 구성 및 연구역량, 연구진행 계획, 소요예산 등의 항목을 첨가해 구체적으로 기술하기도 한다.

3 자료 수집 방법

연구자는 자신의 학문 분야에서 아직 구명되지 않은 지식을 생산하거나, 이미 알려진 지식을 수정하거나, 또는 이미 알려진 지식을 응용하는 일에 몰두하게 된다. 따라서 연구자는 불가피하게 현재까지 이루어진 연구 자료들을 검토해 보아야만 하며, '어떤 연구들이 수행되어 왔고 또 수행되고 있는가?', '어떤 방법들이 적용되어 왔는가?', '나의 연구문제는 이제까지 규명되지 못한 과제인가?', '선정된 연구방법은 적절한 것인가?', '연구의 성공확률과 그 유용도는 어느 정도인가?' 등의 질문을 자신에게 끊임없이 던져야 할 것이다. 그리고 연구자는 관련 학술자료의 조사를 통해 이 같은 질문에 대한 답을 얻을 수 있어야 한다.

자료 수집은 연구가 시작되기 전에 체계적이고 균형적으로 이루어져야 한다. 체계적이라 함은 관련분야의 연구물을 정리하고 요약해 배포한 연구 목록이나 그 분야의 대표적인 문헌과 주요 학자의 최근 논문을 통해 참고해야 할 자료를 잘 취사선택해야 한다는 것을 의미하며, 균형적이라 함은 연구자의 견해를 지지하는 자료만을 택하지 말고 자신의 견해와 부합하지 않는 것에도 같은 정도로 관심을 기울여야 함을 의미한다.

일반적으로 자료의 수집은 문헌조사를 통해 이루어진다. 몇몇 연구 초보자는 문헌조사가 연구보고서를 작성하는 단계에서 이루어지는 것으로 생각하는 경향이 있다. 그러나 이는 문헌조사를 하는 기본취지에도 어긋나며 때로는 매우 비경제적인 결과를 초래하기도 한다. 문헌조사는 연구가 시작되기 전에 이루어져야 되며, 연구자는 문헌을 읽는 동안 자신이 관심을 지니고 있는 문제에 대한 다양한 견해를 이해함과 동시에 그 문헌에 소개된 참고문헌을 통해 그의 관심영역에 관한 이해를 넓혀가야 한다. 또한 연구자는 관련된 문헌을 통해 선행연구들을 심도깊게 검토해 보고, 자신이 하고자 하는 연구의 성공확률과 그 유용도를 진단해 연구를 계속 추진해 나갈 것인지 아니면 수정하거나 포기할 것인지를 결정해야 한다. 연구자는 초기의 집념에 사로잡혀 별로 성공할 가능성이 없는 연구과제에 귀중한 시간과 노력을 소모하지 말고, 처음의 아이디어를 개선하거나 아예 포기해 버리는 개방성과 유연성도 지닐 수 있어야 한다.

도서관에서의 문헌조사 방법과 인터넷을 활용한 문헌조사 방법에 대해 기본적인 사항을 살펴보면 다음과 같다.

1) 도서관에서의 문헌조사

도서관에서의 문헌조사는 필요한 책의 목록을 파악하고 그 책의 존재여부, 대출가능 여부, 대출방법 등을 확인하는 문제보다는 연구주제와 관련해 연구한 사람들이 누구이며 연구 업적물에 어떤 것이 있는지를 확인하고 탐색하는 문제와 관련된다.

연구자는 자신이 선정한 연구주제와 관련된 듯한 책의 제목이나 논문의 제목을 보고 연구 자료를 수집하기 시작한다.

일단 연구주제와 직접적으로 관련된 논문이나 저서를 하나라도 찾게 되면 그 다음부터 참고문헌을 찾아내는 일은 어렵지가 않다. 그 논문의 참고문헌에 실려 있는 문헌으로부터 필요한 논문이나 저서를 찾아낼 수 있으며, 연구주제와 관련된 분야의 학술지 종류를 알 수 있게 된다. 연구주제와 관련된 분야를 집중적으로 다루는 학술지를 최신호까지 살펴본다면 연구주제 관련 분야의 연구동향 및 최근의 연구정보까지 얻을 수 있다.

그러나 이러한 작업은 상당히 많은 시간과 노력을 필요로 하며, 이를 줄이기 위해서는 우선 특정주제를 선정하고 그와 관련된 저서와 연구업적들을 정리해 놓은 도서관의 주제 목록을 적절히 활용할 수 있어야 한다. 도서관에 따라 책의 목록과 논문의 목록, 저자의 목록 등을 작성하는 방법이 다를 수 있고, 주제 목록이 다르게 작성되어 있을 수 있다. 따라서 연구자는 자신이 주로 이용하는 도서관의 체제를 이해하고 그에 맞추어 도서관을 이용할 수 있어야 할 것이다. 도서관 이용과 관련해서는 도서관에서 사서를 담당하는 직원이 큰 도움이 된다. 도서관의 사서는 도서관 이용에 있어 많은 시간을 절약하게 해주는 믿을 만한 정보제공자라는 사실을 기억해야 할 것이다.

2) 인터넷을 통한 문헌조사

인터넷에서 자료를 찾고자 할 때 가장 기본적인 방법은 필요한 자료를 웹에 올려놓은 사이트를 찾아가는 것이다.

예를 들어 서울대학교의 신입생 선발에 관한 정보를 알고 싶다면 서울대학교 홈페이지(http://www.snu.ac.kr)에 연결하고 입학처에서 올려놓은 입시에 관한 파일을 찾아가면 된다. 그러나 다양한 정보를 필요로 할 경우 필요한 정보를 제공할 것으로 기대되는 웹사이트 주소를 일일이 확인하고 이를 찾아가는 것은 불편한 일이다. 이런 불편을 해소하기 위해 만들어진 것이 검색엔진이다.

검색엔진은 이용자가 원하는 정보를 쉽게 찾을 수 있도록 도와주는 도구이다. 예를 들어 '제주도에 있는 박물관'에 관한 정보를 알고 싶다면 검색엔진에 접속하여 검색란에 '제주도'나 '박물관'을 입력한 후 검색을 누르면 제주도에 관한 정보와 박물관에 관한 풍부한 정보를 제공받을 수 있다.

현재 전 세계적으로 운영되고 있는 인터넷 정보검색 서비스는 수십 개에 달하며, 야후(http://www.yahoo.com)나 구글(http://www.google.com) 등은 국내에서도 많이 사용되고 있는 검색엔진이다.

국립도서관이나 각 대학의 도서관, 연구소 등은 모든 소장자료를 컴퓨터를 이용해 데이터베이스화해 놓았으므로 인터넷에서 해당 기관에 접속하면 각 도서관이나 자료실에 있는 문헌자료들을 검색할 수 있다. 예를 들어 국회도서관은 국회 입법 활동과 관련된 자료뿐만 아니라 인문·사회과학과 관련된 자료도 상당량 보유하고 있으며, 국회도서관 홈페이지(http://www.nanet.go.kr)에 접속한 후 '전자도서관'을 클릭해 들어가 자료를 검색할 수 있다.

국립중앙도서관의 홈페이지는 http://www.nl.go.kr이며, 국립중앙도서관이 소장하고 있는 단행본, 정기간행물, 학위논문, 각종 참고자료 등 모든 자료를 웹상에서 검색할 수 있다. 한국교육학술정보원은 전국 대학도서관 목록을 통합하여 정보를 제공하며, 해외 학술 데이터베이스 및 학술논문 정보도 제공하고 있다. 자료를 검색하기 위해서는 한국교육학술정보원 홈페이지(http://www.keris.or.kr)에 접속하면 된다.

또한 국립전자도서관(http://www.library.go.kr), 학술연구정보서비스

(http://www.riss4u.net), 기초학문자료센터(http://www.krm.or.kr) 등에서도 유용한 자료를 검색할 수 있을 것이다.

인터넷에서 검색한 정보를 사용할 때는 반드시 검색에서 얻어진 여러 정보들을 비교해 보고 정보에 오류가 없는지를 꼼꼼하게 점검해야 한다. 이를 위해 전문가의 지식을 빌려 그 타당성을 확인해 보는 등 전문적이고 정확한 정보를 얻기 위한 노력을 기울여야 하며, 인터넷 검색정보를 사용할 때는 반드시 출처와 검색일자를 밝혀 그 정보의 타당성이 상호점검될 수 있도록 해야 한다. 왜냐하면 네티즌들이 자유롭게 정보를 직접 등록할 수 있어 정보의 전문성이 떨어지거나 주관적으로 서술되어 있을 수 있기 때문이다. 이런 이유로 네티즌들이 참여해 정보를 공유하는 인터넷 정보검색에 대한 불신이 커지고 있으며, 인터넷 정보의 신뢰성을 확보할 수 있는 방안에 대한 모색이 필요하다는 지적도 일고 있다. 인터넷을 통해 연구에 도움이 되는 정보를 신속하고 체계적으로 수집 · 종합할 수 있는 능력이 높은 수준으로 향상되고 그 중요성이 강조됨에 따라 인터넷 정보사용과 관련된 연구윤리 또한 강조되고 있다. 이는 인터넷을 통한 자료 내려받기가 일상화되고 디지털 자료의 가공과 합성이 용이해지면서 자료의 부적절한 이용이 확산되고 있기 때문이다. 인터넷을 통해 검색된 다른 사람이 쓴 글이나 저작물을 출처를 밝히지 않고 사용하는 것은 표절이며 다른 사람의 지적 자산을 도용하는 부정직한 행위이다. 따라서 인터넷을 통해 검색된 다양한 정보를 사용할 때에도 문헌정보를 사용할 때와 마찬가지로 반드시 정보의 출처를 명확히 밝혀야 하며, 불법 다운로드와 같은 부정직한 행위는 금해야 한다.

4 논문계획서 작성의 예

논문계획서 작성에 참고할 수 있는 논문계획서를 예시하면 다음과 같다. 논문계획서와 논문계획을 발표하기 위해 작성된 논문계획 발표용 PPT자료를 수록하였다.

다음에 제시된 예는 대표적이고 모범적인 사례라기보다는 하나의 예로 참고해 주기 바란다.

논문계획서 예시 1

제목 : 문항형태에 따른 피험자의 인지적 · 정의적 반응의 차이에 관한 연구

I. 연구 문제

최근 우리 교육현장에는 교육개혁이 한창 진행되고 있다. 학생평가와 관련해서도 단편적인 지식 암기에 초점을 맞춘 선택형 검사를 지양하고, 지식의 활용과 능동적인 문제해결 능력에 초점을 두는 서술형(주관식) 문항 위주로 평가 체제를 전환하려는 움직임이 활발하게 진행되고 있다.

주관식 문항의 중요성이 강조되는 이유는 주관식 문항이 지니는 교육적 효용성 때문이라고 할 수 있다. 주관식 문항은 학습자로 하여금 답안을 구성하도록 요구하며, 학생들에게 기존의 지식을 적용하고 재구성하는 훈련과 문제해결 방안을 스스로 모색하는 경험을 제공한다. 또한 주어진 답을 고르지 않고 문제해결 방안을 스스로 모색하려는 과정에서 창의적인 사고

력의 신장을 기대할 수 있다.

그러나 주관식 문항의 도입 이후 학교현장에서는 주관식 평가문항 자체의 교육적 효용성은 인정하나 그 시행에 있어 적지 않은 혼란을 겪고 있다. 즉, 주관식 문항을 이용한 평가를 시행함에 있어 평가자인 교사들은 평가문항의 개발과 채점의 객관성 확보에 많은 어려움을 호소하고 있으며, 피평가자인 학생들은 주관식 문제를 어떻게 풀어가야 하는지 그리고 답안을 어떻게 구성해야 하는지에 대한 안내와 훈련을 수업상황 중에 충분히 받지 못한 상태에서 주관식 문항에 접하고 있다.

주관식 문항 도입으로 인한 교육현장의 혼란과 부작용을 해소하고 의도한 방향으로 주관식 평가방법을 학교현장에 정착시키기 위해서는 현장교사들의 주관식 문항의 제작기법과 채점방법에 대한 평가전문성을 향상시킴과 더불어, 학생들의 주관식 문항에 대한 인지적 · 정서적 반응을 파악하고 정서적 반응이 인지적 반응과 어떤 관련성을 갖고 있는가를 경험적 연구를 통해 살펴볼 필요가 있다.

이 연구에서는 문항의 형태에 따른 피험자의 인지적 · 정서적 반응의 차이를 살펴보기 위해 동일한 과제를 선택형과 서술형의 두 가지 형태로 제시하고, 문항의 형태에 따라 문항에 대한 피험자의 인지적 정서적 반응이 어떻게 달라지는가를 살펴보고자 한다. 또한 피험자의 문항에 대한 인지적 반응이 주관식 문항에 대해 갖고 있는 피험자의 정의적 태도와 어떤 관계가 있는지를 살펴보고자 한다.

이 연구에서 살펴보고자 하는 구체적인 연구문제는 다음과 같다.

1. 동일한 내용과 인지능력을 재는 문제를 선택형 문항과 주관식 문항으로 그 형태를 달리해 제시했을 경우, 피험자의 점수에 차이가 있는가? 이와 관련해 두 형태의 문항의 통계적 특성(난이도, 변별도 등)은 차이가 있는가?
2. 동일한 내용과 인지능력을 재는 문제가 주관식과 선택형 문항으로 각기 다르게 제시될 때, 문항에 대한 피험자의 체험 난이도가 달라지는가? 만약 체감 난이도가 달라진다면 그 이유는 무엇인가?

II. 선행연구 고찰

검사문항에 대한 피험자의 정서적 태도는 학습자의 성취도뿐만 아니라 학습자의 학습전략에 영향을 미치며, 특히 평가 상황에서의 피험자의 검사에 대한 부정적 인식은 검사결과에 부정적인 영향을 미친다(Baker & O'Neil, 1994; Miller-Jones, 1989; Steinberg, Dornbusch & Brown, 1991; Ogbu, 1992). Baker와 O'Neil(1994)은 주관식 문항이 피험자에게 상당한 심리적 부담을 주며, 특히 언어능력이 미숙한 학생들에게는 주관식 문항이 선택형 문항에 비해 훨씬 어렵게 인식되는 경향이 있다고 보고하였다.

Miller-Jones(1989), Steinberg, Dornbusch와 Brown(1991), Ogbu(1992) 등은 동인적 특성(motivational characteristics)이 주관적 검사에서의 성취도에 영향을 미치는 중요한 변인이라고 주장하고 있다.

선택형 문항과 주관식 문항으로 구성된 수학검사에 대한 학생들의 응답을 분석한 연구에 의하면, 피험자들은 문항의 형태에 따라 문제 해결전략을 달리한다(Herman et al., 1994). 즉 선택형 문항에 대해서는 선택지를 이용한 시행착오 혹은 추측전략을 주로 사용하는 반면, 주관식 문항의 경우에는 수학적 사고의 과정을 더 많이 활용한다는 연구결과가 보고되었다. 또한 피험자들은 문항의 형태에 따라 답안 작성 요령을 달리하며, 서술형 문항에 대한 답안을 구성할 때는 그래프, 그림 등을 동원한 표현방법에 상당한 비중을 두는 반면, 선택형 문항에 대한 응답을 할 때는 계산이나 답의 정확성에 집중하는 것으로 나타났다.

O'Neil과 Brown(1998)은 문항의 형태가 피험자의 초인지 능력과 정의적 태도에 상당한 영향을 주는 변인이라고 주장하였다. 이들은 캘리포니아 주 8학년을 대상으로 한 학력평가검사 자료를 분석하여, 선택형 문항점수가 서술형 문항점수에 비해 더 높음을 보고하였다. 검사에 이어 실시된 설문조사에서 학생들은 서술형 문항이 선택형 문항에 비해 더 부담스럽고 어렵게 느껴진다고 응답하였다. 이 연구를 통해 O'Neil과 Brown은 문항의 형태에 따라 피험자가 검사에 대해 갖는 심리적 부담의 정도가 달라진다는 경험적 증거를 제시하였다.

III. 연구방법

(1) 연구대상

서울시 소재 남녀공학 고등학교 1학년 학생 300명(8개 학급)

(2) 연구절차

검사에 참여한 학생들을 대상으로 동일한 내용과 인지능력을 재는 과제를 각기 선택형과 주관식 문항으로 제시한 검사로 실시하고, 검사에 이어 서로 동일 과제이되 다른 형태로 제시된 문항에 대한 피험자의 체감 난이도와 정서적 반응을 알아보기 위한 설문조사를 실시한다.

(3) 검사도구

• 인지능력검사(연구자 작성): 인지능력을 재는 검사문항은 고등학교 1학년 1학기 수학 교과영역에서 출제하기로 한다. 수학 문항에 대한 답을 구하기 위해 피험자가 거치는 풀이과정이 선택지가 주어지든 그렇지 않든 동일하다고 볼 수 있고, 서로 다른 문항형태가 피험자의 인지구조에 주는 부담을 최소한으로 통제할 수 있을 것이다.

• 정의적 태도검사(연구자 작성): 서로 다른 형태로 제시된 문항에 대한 체감 난이도와 정서적 반응을 파악하기 위한 설문지

(4) 결과분석

문항형태별 검사점수의 비교, 문항의 난이도와 변별도 분석, 문항형태에 따른 체감 난이도 분석, 주관식 문항에 대한 정의적 태도 분석 등을 위해 SPSSWIN프로그램을 사용한다.

IV. 기대되는 성과

주관식 문항 도입만으로는 학습자의 사고능력 향상과 수업의 개선이라는 목적을 달성하기 어렵다. 수업 상황에서 주관식 문항으로 제시되는 과제들을 다룸으로써 학습자는 주관식 문항형의 과제와 친숙해지게 되고, 학습자는 주관식 평가 문항으로 구성된 검사상황에서 자신의 수준을 정확

하게 평가할 수 있는 검사정보를 제공해 줄 수 있게 될 것이다.

이 연구는 문항의 형태가 피험자의 인지적 · 정의적 반응에 영향을 미치는 주요변인으로 간주될 수 있는가에 대한 경험적 증거를 제공하기 위한 것으로, 현장교사들의 주관식 문항유형에 대한 이해를 돕고 주관식 평가문항의 교육적 효용성을 높이는 데 필요한 정보를 제공해 줄 수 있을 것이다.

참고문헌

Baker, E. L. & H. F. O'neil, Jr. (1994). "Performance Assessment and Equity: A View from the USA". *Assessment in Education,* 1(1), pp. 11-26.

Herman, J. L., D. C. Klein, T. M. Health, & S. T. Wakai (1994). A First Look: Are Claims for Alternative Assessment Holding up? (CSE Tech Rep. No.391). Los Angeles: University of California.

Mcmillian, J. H. (1997). *Classroom Assessment*. Boston: Allyn & Bacon.

Miller-Jones, D. (1989). "Culture and Testing". *American Psychology,* 44, pp. 360-366.

Ogbu, J. (1992). "Understanding Cultural Diversity and Learning". *Educational Researcher,* 21(8), pp. 5-14.

⋮

논문계획서 예시 2

제목: 지식구조의 표현양식이 인지과정에 미치는 영향

I. 서론

교육상황에서 가장 중핵적인 영역은 교사와 학생이 상호작용하는 교수 · 학습 상황이며, 교수 · 학습 장면에서 교사와 학생은 특정한 내용을 가지고 상호작용한다. 그 내용은 한 사회의 지적 · 정의적 · 도덕적인 모든 생활양식과 도구를 포함하는 그 사회의 문화 전반을 포괄한다. 교육상황에서 가장 넓게 문제되는 것은 지식이며, 교수 · 학습 장면에서 구체적으로 학생이 학습해야 할 교재는 한정되어 제시된다(Bruner, 1960).

교수 · 학습 과정에 지식이 투입되기 위해서는 학습자의 특성을 고려해 그에 적합한 어떠한 형태로 표현되어야 한다. '어떤 지식이 알 가치가 있는 지식이냐' 의 물음이 언제나 교육에서 제기되어 온 교육과정상의 문제라면 '한 영역의 지식을 교수 · 학습 구조에서 다루려 할 때 그것을 어떻게 표현하는 것이 학습효과에 바람직한가?' 는 교수 · 학습 과정에서 보다 구체적인 질문이 된다. 이러한 지식구조의 표현 · 제시방식에 관한 준거로서 지식구조의 계열성, 계속성, 통합성의 원리(정범모, 1966)가 제시되고 있다.

교과의 중요한 어떤 지식들은 너무 어렵다는 이유로 학생에게 학습가능한 형태로 제시되는 데 시간상 지연을 가져왔다. 그러나 어떤 교과의 지식이든 그 기초를 어떠한 형태로 어느 연령에 누구에게나 가르칠 수가 있으며 '고등' 의 지식과 '초보' 의 지식 사이의 공백을 좁힐 수 있다는 제안이 있다(Bruner, 1960). 학문의 가치로서 정당시되고 있는 학문중심 교육과정 운동이나 새 과학교육 운동(PSSC, UICSM, SMSG, BSCB 등)은 교과내용의 표현양식에 관하여 새로운 시사점을 던져주고 있다. 이런 문제와 관련하여 브루너(Bruner, 1960)의 기초구조개념, 블룸(Bloom, 1956)의 교육목적 분류론, 메이거(Mager, 1962)의 수업목적 진술양식, 가네(Gagne, 1965)의 학습소인과 학습구조에 관한 과제분석이론은 지식 구조의 표현양식에 관한 유의미한 시사점을 제공하고 있다.

이러한 연구들의 요점은 적당한 방식을 쓰면 아무 지식이든지 누구나 알 수 있게 표현할 수 있다는 것이다. 즉 어떤 결과를 얻기에 필요한 일련의 동작으로 또는 그것을 정의함이 없이도 한 개념을 대신하는 일련의 도상(圖像)이나 도표(圖表)로, 그리고 명제의 입언(立言)이나 연역에 필요한 조직, 법칙을 가진 한 상징적 체계를 사용한 일련의 상징적 또는 논리적 입언으로 표현할 수 있다는 것이다. 특히 교수공학의 중심 테마로 등장한 프로그램 교수법은 교수목표의 행동적 표현 방식과 교수내용의 계열을 강화조건과 배합시킴으로써(Skinner, 1954; Glaser, 1965), 학습심리 이론의 측면과 지식구조의 표현양식의 관점에서 교수공학을 교수 · 학습 구조에 적용시키는 데 있어서의 효과와 그 문제점을 밝히려는 것이다.

또한 지금까지는 학습과업의 성취요인으로서 학생의 학습능력(지능)을 크게 고려해 왔다. 즉 학습성취와 학습능력 간에는 유의한 상관이 있다는 뿌리 깊은 믿음이다. 이 믿음에는 충분한 근거가 있음에도 불구하고 (Bond, 1940; Lavin, 1965), 교과내용의 표현양식을 고려하지 못하면 학습능력이 학습성취에 크게 영향을 주지 못한다는 새로운 주장이 제기되고 있다(Ausubel & Fitzerald, 1962; 김호권, 1970).

이런 주장에 따르면 학습성취에서 고려해야 할 가장 큰 문제는 학생의 학습능력이 아니라 지식을 학생의 인지행동에 적합하도록 표현할 수 있느냐 없느냐이며 그것이 학습성취의 관건이 된다. 지식의 난이도와 학생의 학습능력이라는 요인 때문에 지금까지도 교육생산성의 비효율성, 학습결손의 허점이 당연시되고 있다. 그러나 점차 이것은 잘못된 가정이라는 것이 밝혀지고 있으며, 교수 · 학습 이론의 새로운 제안은 교수 · 학습 과정에 하나의 혁신을 시도하고 있다(김호권, 1970). 이 연구에서는 학습자에게 학습에 용이하도록 고안된 지식구조를 통한 학습 성취와 학습능력 간의 상관정도와 그 학습성취가 인지과정에 미치는 영향을 탐색하게 될 것이다.

Ⅱ. 연구의 목적

본 연구는 어떤 영역의 지식구조가 특정한 표현양식으로 교수 · 학습과정에 투입될 때 그 생산결과로서의 학습자의 학습성취 수준을 실증적으로 연구하여, 지식구조의 표현양식이 학습능력과 상관하는 정도 및 학습자의 인지과정에 미치는 영향을 이론적으로 탐색하려는 것이다.

이 연구는 지식구조의 하나의 표현양식으로서 최근 교수공학의 기저로 다루고 있는 프로그램화된 교수자료를 실험도구로 사용하게 될 것이다. 또한 이 연구는 이론적 탐색과 아울러 부수적으로 종래 교수 · 학습 구조에 있어서의 비생산성을 극복하려는 혁신적인 제안을 제시하고자 한다. 본 연구의 목적은 다음과 같다.

(1) 학습 성취에 바람직한 지식구조의 표현양식을 밝힌다.

(2) 학습에 용이한 지식구조의 표현양식과 학습능력과의 상관관계를 밝힌다.

(3) 학습에 용이한 교수자료가 학습자의 인지과정에 미치는 영향을 탐색한다.

(4) 교수–학습 효과의 증대를 위한 실증적 연구 자료를 제공한다.

Ⅲ. 연구문제

이 연구의 구체적인 연구문제는 다음과 같다.

첫째, 교수 · 학습 효과 증대에 효율적인 지식구조의 표현양식은 어떤 것인가?

둘째, 지식구조의 관점에서 교수공학이 고려해야 할 점은 무엇인가?

셋째, 학습에 용이한 지식구조의 표현양식이 학습자의 인지양식에 어떠한 영향을 미치는가?

위의 연구문제에 대해 이론적 고찰을 통해 설정된 연구가설은 다음과 같다.

가설 1. 학습자의 인지행동에 알맞게 조직된 학습자료는 완전학습을 가능하게 할 것이다.

가설 2. 프로그램된 자료를 통한 학습성취와 학습능력(지능) 사이에는 유의한 상관이 없을 것이다.

가설 3. 프로그램된 자료를 통한 학습자의 파지력은 프로그램되지 않은 자료로 전통적 수업을 통하여 완전학습에 도달된 학습자의 파지력보다 약할 것이다.

Ⅳ. 연구방법 및 절차

본 연구에서 설정된 연구가설을 검증하기 위해서 다음과 같은 연구집단과 실험도구를 사용한다.

(1) 연구집단

• 실험집단: 중학교 1학년생 140명(2개 학급)을 표집하여 실험집단으로 선정하고 실험집단에게는 프로그램 학습을 실시한다.

• 통제집단: 중학교 1학년생 70명(지능수준이 실험집단과 동일한 집단)을 표집하여 통제집단으로 선정하고 이들은 종래의 수업방법으로 학습하도록 한다.

⑵ 실험도구

본 연구에서 사용된 실험도구는 다음과 같다.

• 지능검사 중학생 A형(K.T.C.)
• 수학과, 영어과 각 1단원분의 프로그램 학습자료(연구자 작성)
• 학습성취도 검사(연구자 작성)
• 파지력 검사(연구자 작성)

⑶ 실험실시 기간

2002년 7월 18일부터 7월 24일까지 1주간에 걸쳐 각 과목당 4시간씩 실시한다.

⑷ 연구의 절차

① 실험집단과 통제집단의 선정
② 프로그램 자료 선정
③ 프로그램 교수 실시
④ 학습성취도 검사(실험실시 직후)
⑤ 파지력 검사(실험실시 6주 후)

V. 자료처리 방법

⑴ 실험집단의 학습성취도 검사결과와 통제집단의 성취수준과의 비교
⑵ 실험집단의 학습성취도와 지능지수와의 상관관계 규명
⑶ 6주 후 파지력 검사결과의 비교

VI. 기대되는 성과

지식구조의 표현양식이 교수 · 학습 효과에 기여하는 정도를 파악하고, 프로그램 교수 효과에 대한 실증적 자료 수집 및 학습자 수준에 적합한 표현양식의 교재를 통한 학습이 인지양식에 미치는 영향을 분석 · 제시한다. 이러한 연구결과는 교수 · 학습의 효과 증대를 위한 혁신적인 교수 · 학습 자료의 개발에 도움이 될 것으로 기대된다.

참고문헌

김호권. 『완전학습의 원리』. 서울: 배영사, 1970.

⋮

Ausubel, D. P. "The Use of Advance Organizers in the Learning and Retention of Meaningful Verbal Learning". *Journal of Educational Psychology,* 1960, 51, pp. 267-270.

_______. "Some Psychological Aspects of the Structure of Knowledge". In E. Stanley (Ed.). *Education and the Structure of Knowledge.* Chicago: Rand Mcnally and Co., 1964.

Bloom, B. S., et al. *Taxanomy of Educational Objectives.* Handbook I Cognitive Domain, N.Y.: Longman Green, 1965.

Bruner, J. S. *The Process of Education.* N.Y.: Vintage Books, A Division of Random House, 1960.

_______. *Toward a Theory of Instruction.* Cambridge, Massachusetts: Harvard University Press, 1966.

⋮

논문계획서 발표자료 예시 1

학생이 지각한 교사-학생 관계가
학생의 수업참여도에 미치는 영향

목 차

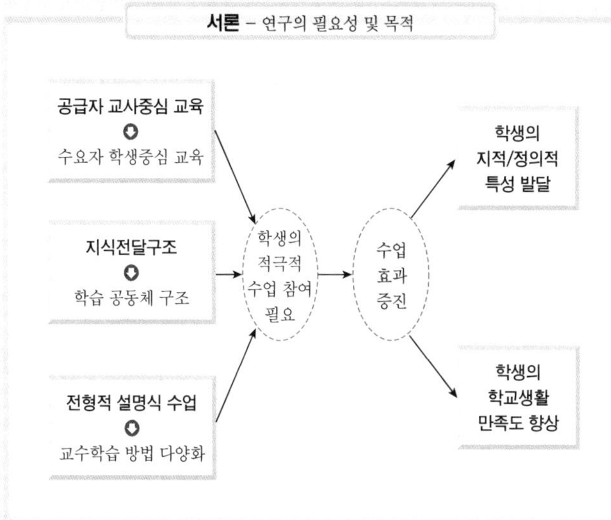
서론 – 연구의 필요성 및 목적
공급자 교사중심 교육
수요자 학생중심 교육
지식전달구조
학습 공동체 구조
전형적 설명식 수업
교수학습 방법 다양화
학생의 적극적 수업 참여 필요
수업 효과 증진
학생의 지적/정의적 특성 발달
학생의 학교생활 만족도 향상

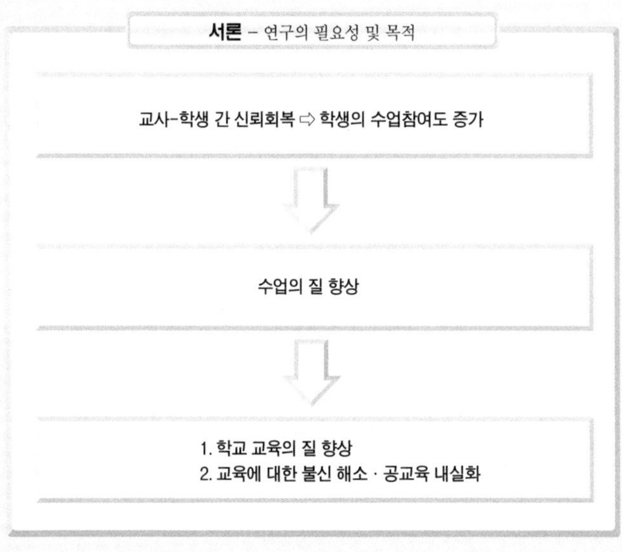
서론 – 연구의 필요성 및 목적
교사–학생 간 신뢰회복 ⇨ 학생의 수업참여도 증가
수업의 질 향상
1. 학교 교육의 질 향상
2. 교육에 대한 불신 해소 · 공교육 내실화

이론적 배경 - 교사-학생 관계 개념 및 중요성

선행연구	교사-학생 관계 관련 변인	교사-학생 관계 변인과 관련된 변인
Kelly(1950)	교사에 대한 학생들의 인식	교사와의 상호작용, 수업참여 유형
한광택(1970)	학생이 지각한 교사-학생 관계	학업 성적
박운찬(1987)	학생이 지각한 교사-학생 관계	학습태도, 학업 성취도
이재용(1996)	교사의 자기 노출	교사-학생 인간관계, 학업성취
박승우(2000)	학생이 지각한 교사-학생 관계	학력
최승우(2001)	교사-학생의 상호작용	학업 성취도
방재현(2002)	농업계 고등학교 교사의 지도성	학습태도
김근수(2002)	학생이 지각한 교사 특성	학구적 자아개념, 학습태도
이태희(2002)	학생이 지각한 교사 특성	학구적 자아개념, 학습태도
김인예(2003)	학생이 지각한 교사-학생 관계	동기유발, 학업 성취도
백승숙(2003)	교사-학생 관계	자아존중감, 정신건강, 학업 성취도
김정원, 김병숙(2004)	학생이 지각한 교사 특성	학습태도, 학문적 자아개념

이론적 배경 - 교사-학생 관계 구성요인 및 측정

선행연구	하위영역	측정방식
Tyler(1964), 황순필(1997), 백승숙(2003)	진실성, 무조건적 긍정적 존중, 공감적 이해	학생지각평가
이상노(1968)	의사소통, 정서적 거리, 지위	학생지각평가
Pianta(1991) : STRS	친밀감, 의존성, 갈등	교사지각평가
Newby, Richard & Fisher (2001) : QTI	지도력, 우호성, 이해성, 학생책임감/자유, 불확실성, 불만족, 훈계, 엄격성	학생, 교사지각평가, 이상적 교사
David(1970), 박문찬(1987), 김인예(2003)	공평성, 관심도, 이해성, 친절도, 적극성, 독창성, 책임감, 일관성, 조직성, 융통성, 지식수준, 민주적 태도, 민감성, 매력적 특성, 침착성, 자신감, 낙천적 태도	학생지각평가
한광택(1990), 박승우(2000), 이태희(2002)	민주성, 지도력, 책임감, 자신감, 창의성, 칭찬, 관심도, 공평성, 친절성, 유머, 융통성, 자제력, 침착성, 이해성, 일관성	학생지각평가
가노소우&다사키 도시아키(1990), 공한옥(2000), 최승우(2001)	상호작용유형, 교사행동특성, 수업 진행 과정별 상호 작용, 권력거리	학생지각평가
Ryan 외(1994), Heather(2001)	애착도, 의존도, 가치	학생지각평가
윤순홍(1998), 김근수(2002), 김정원, 김병숙(2004)	지지적 도움 행동, 부정적 피드백과 지시 행동, 학업과 규칙지향 행동, 높은 기대, 더 많은 기회와 선택	학생지각평가
김승진(2002)	교사개인특성, 교수활동, 학생생활지도 변인	학생지각평가
백순근 외(2003)	이해공감, 친밀감, 신뢰감, 존중감, 유능감	학생지각평가

이론적 배경 – 수업참여도 개념

일반적으로 널리 사용되는 개념임에도 불구하고 개념적 정의가 학자들마다 다소 차이가 있음

외현적 행동들에 대한 개념이며 활동의 활발성의 정도를 드러낸다는 공통점이 있음

이론적 배경 – 수업참여도 구성요인 및 측정

선행연구	주요 내용
Boud&Tyree(1980)	강좌 특성에 맞는 평가 준거 설정 강조
Melvin(1988)	평가 객관성을 높이기 위해 동료평가 방법 도입
Lyons(1989)	Behaviorally Anchored Rating Scale 적용
Goldstein 외 (1994)	질문, 발표의 정도를 5단계 Likert 척도로 측정
Wambach 외 (1997)	참여 관찰법 제안
John&Dean(1998)	강좌별 평가 준거 설정, 자기/동료/교수평가
John&Tracy(2001)	Rubric을 이용한 평가 방법 제안
이정자(2004)	• 질문, 발표, 과제물 및 준비물 준비, 수업태도를 4점 척도로 측정 • 예습, 복습, 출결 상황을 3점 척도로 측정
최정희(2004)	수업 참여도를 1, 2, 3 수준으로 나누어 측정

이론적 배경 – 수업참여도에 영향을 미치는 요인

요인	영역	내용
교사요인	인지적 영역	교과관련지식, 교수방법에 대한 지식
	정의적 영역	태도, 가치관, 열의, 학생에 대한 관심과 사랑 등
학생요인	인지적 영역	선수 학습, 학습 전략, 학업 성취도 등
	정의적 영역	학습동기, 자아개념, 자신감, 가치관, 성 정체감
	배 경	나이, 성별, SES, 부모의 교육적 태도
내용요인		학습 목표, 학습 과제의 진정성, 난이도, 활동성 등
환경요인	물리적 환경	교실크기, 학습규모, 책상배열, 소음 등
	정서적 환경	학급 분위기, 학교 풍토

연구 문제

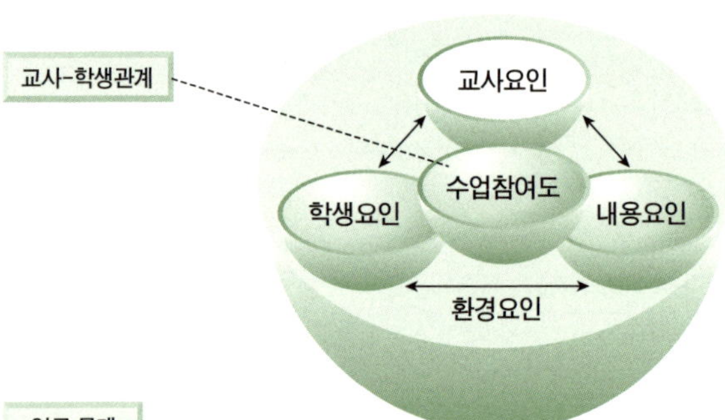

연구 문제

학생들이 지각한 교사-학생관계는 학생들의 수업참여도에 어떠한 영향을 미치는가?

연구 가설 – 주요 변인의 설정 및 정의

학생이 지각한 교사-학생 관계

학생이 인식하는 교사와 학생 사이의 애착, 이해, 신뢰, 존경의 정도로서 교수-학습 활동이나 학생의 정서적, 사회적 발달에 중요한 역할을 함

수업 참여도

학생들이 수업과 관련된 학습활동의 적절성 및 적극성의 정도와 수업에 대한 정서적 유대감 및 애착의 정도

연구 가설

가 설

학생들이 지각한 교사-학생 관계가 좋을수록 학생들의 수업 참여도가 높아진다.

연구 방법

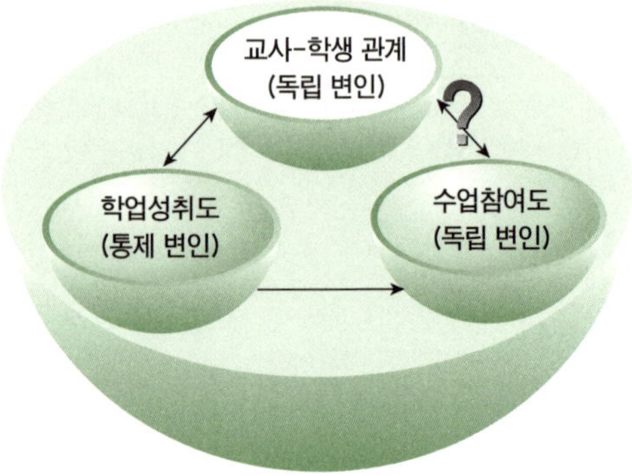

연구 방법 – 연구 대상

면담 대상

서울소재 중학교 2학년 학생 및 현직 중학교 교사

예비 검사 대상

서울 소재 중학교 2학년 학생 100명

본 검사 대상

서울소재 중학교 2학년 학생 300명

연구 방법 - 검사 도구

학생이 지각한 교사-학생 관계 척도

본 연구 목적과 연구 대상에 적합한 교사-학생 관계 측정 도구를 개발하여 사용

수업 참여도 척도

본 연구 목적과 연구 대상에 적합한 학생의 수업 참여도 측정 도구를 개발하여 사용

연구 방법 - 연구 절차

1. 선행연구 및 1차 면담
2. 예비 검사 도구 제작 (교사-학생 관계척도/수업참여도척도)
3. 예비 검사 실시
4. 예비 검사 자료 분석
5. 2차 면담
6. 본 검사 도구 제작 (교사-학생 관계척도/수업참여도척도)
7. 본 검사 실시 및 성적자료 수집
8. 자료 분석
9. 3차 면담
10. 가설 검증 및 결론 도출

연구 방법 – 자료 수집 및 분석

검사 도구 제작

- 신뢰도 : Cronbach 계수 산출
- 타당도 : 요인분석(SPSS 12.0 사용)
- 문항 적합도 지수 및 문항 모수 산출(WINSTEP v. 3.27 사용)

수업 참여도

- 구조 방정식 모형 분석(AMOS 4.0 사용)

: 공적으로 소유되고 이용되어야 한다. 지식을 어떤 목적으로 어떻게 사용하느냐의 문제는 지식사용자의 도덕적 책임에 관계되며, 그
가는 지식이 사실대로 공표된 후에 가능하다. 따라서 연구자는 자신의 연구결과를 적극적으로 그리고 지적으로 정직하게 발표해야
었다. 연구결과는 논문의 형식을 빌어 공표하게 되며, 논문에는 과제논문, 학위논문, 일반적인 학술논문, 평론 등의 다양한 유형이 있다.
작성의 동기, 수준, 규모에서는 차이가 나지만, 양식과 체재를 갖추고 연구결과를 논리적으로 정연하게 기술하여 공표한 글이라는 점
점을 지닌다. 논문이 양식과 체재를 제대로 갖추고 있지 못하다면 이는 독자들의 이해를 방해하게 된다. 따라서 어떤 유형의 논문이
가 정확하게 전달될 수 있도록 하기 위해서는 형식화된 외형을 갖추고 연구자의 주장과 견해가 명확하게 드러날 수 있도록 작성되
이다. 학기 도중 학생들에게 부과되는 리포트나 학기말에 작성?제출되는 term paper와 같은 과제논문은 학생의 지적 성장을 촉진하

제3장 논문작성의 실제

의 학습기회를 제공하기 위해 대학에서 학생들에게 부과하는 연구과제이다. 과제논문도 다른 학술논문과 동일한 양식과 체재를 갖
어야 그 목적을 달성할 수 있을 것이다.
연구자들이 연구결과를 공표함에 있어 진실을 왜곡하고 연구의 진실성을 훼손하는 사례가 밝혀지면서 공표방법과 연구윤리에 대
이지고 있다. 연구결과를 공표함에 있어 연구윤리를 훼손하는 행위는 학문공동체의 성장 동력을 파괴할 뿐만 아니라 크게는 국가
경쟁력까지도 훼손시킬 수 있다. 진실성이 결여된 연구결과의 공표를 통해서는 진리에 도달할 수 없고 학문 발전에 기여할 수도 없다.
자들은 연구의 진실성 확보를 위해 최선을 다하고, 연구결과 공표와 관련된 연구윤리를 준수해야 할 것이다.
서는 무엇보다 연구의 자유와 창의성이 중시되어야 하지만 그 못지않게 연구과정에서의 도덕성과 자기규제가 전제되어야 한다. 연
구결과를 공표함에 있어 진실성 확보를 위해 점검?준수해야 할 사항들을 살펴보면 다음과 같다.
는 연구내용이 학계와 사회에 어떤 기여를 할 수 있는가를 분명히 함과 동시에 연구결과가 새로운 발견 혹은 새로운 견해이거나 기
한 새로운 해석 혹은 기존 연구의 발전적 이해임을 밝힐 수 있어야 한다.

1 논문의 구성

연구논문의 주요 목적은 연구 내용과 결과를 효과적으로 전달하는 데 있다. 따라서 연구자는 연구논문을 명료하고 논리적으로 구성하여 연구내용과 결과를 체계적으로 제시함으로써, 읽는 사람으로 하여금 그 내용을 쉽게 이해할 수 있도록 해야 한다.

연구논문의 구성에 정해진 고정 틀이 있는 것은 아니지만, 효과적인 의사전달과 논리적인 구성을 위해서는 체계적인 형식체재를 갖추고 그에 따라 연구논문을 작성하는 것이 바람직하다. 연구논문 작성에서는 구성체재가 중요하며, 그 구성체재는 어느 정도 관례에 따른 일관성을 지닌다. 그러나 구성체재의 세부적인 면까지 어떤 일정한 형식을 따라야 할 필요는 없다.

인문 · 사회 계열의 논문은 일반적으로 서론부, 본문부, 종결부로 구성된다. 서론부는 연구자가 문제를 제기하는 부분이며, 본문부에서는 제기된 문제에 대해 각종 증거를 통해 체계적이며 논리적으로 논증을 하게 되며, 종결부에서는 본문부에서 논증한 결과를 통해 서론부에서 제기한 문제에 대해 종합적인 판단을 내리게 된다. 이들 세 부분의 내용을 통해 연구자의 사고와 주장, 연구결과 등이 전달되므로 정확한 전달을 위하여 각 부분간의 논리적 일관성이 추구되어야 한다.

논문의 서론부, 본문부, 종결부는 포괄적인 논문의 구성요소이며, 이를 보다 상세히 나누면, 서론, 이론적 배경(선행연구 고찰), 연구방법, 연구결과, 논의, 결론 및 제언 등으로 구분할 수 있다. 구성체재의 형식을 체계적으로 구조화시키면 논문의 구성이 보다 치밀해져 논문 전체에 대해 좋은 인상을 주게 됨은 물론 논문의 완성도를 높일 수 있게 된다. 그 형식이 미비할 때는 연구내용에도 좋지 못한 인상을 줄 우려가 있으므로, 논문 구성의 체재와 형식을 소홀히 여겨서는 안 된다.

연구논문의 구성체재에 익숙하기 위해서는 우선 많은 보고서를 읽어 보되, 비판적으로 읽어 보아야 한다. 연구논문을 충분한 시간적 여유를 가지고 작성할 수 있도록 연구의 진행일정을 사전에 계획해야 하며, 연구계획단계와 진행과정 중에도 논문의 구성체재를 염두에 두고 각 영역의 작성에 참고가 될 만한 내용과 사건은 생길 때마다 메모해 두도록 해야 한다.

2 논문의 구성체재

연구자가 논문을 통해 연구문제, 문제해결을 위한 탐색과정, 연구결과 등을 제시할 때는 논리의 체계성, 일관성, 통합성이 유지될 수 있도록 논문의 체재를 조직하고 논의를 전개시켜야 한다. 논문의 포괄적인 구성요소인 서론부, 본문부, 종결부는 서론, 이론적 배경(선행연구 고찰), 연구방법, 연구결과, 논의, 결론 등의 세부 내용영역으로 구분될 수 있으며, 각 부분에서 어떤 내용이 다루어져야 하는지에 대해 자세히 살펴보면 다음과 같다.

1) 서론

서론에서는 연구의 필요성과 목적, 연구문제, 문제설정의 이유, 연구의 의의, 용어의 정의, 연구의 한계점 등이 진술된다. 논문의 서론에서는 연구자가 관심을 지니고 있는 문제가 무엇이며, 그 연구문제가 '왜' 그리고 '얼마나' 중요한 것인지를 밝히게 된다. 그리고 연구문제의 주요 변인에 대한 정의와 연구의 제한점 등을 미리 밝혀 둠으로써 논문의 내용이 오해없이 전달될 수 있도록 해야 한다.

서론의 서두에서 연구문제를 처음 제시할 때는 지나치게 상세하거나 전문적이고 난해한 술어나 개념을 도입하지 말고, 탐색하게 될 연구문제에 대한 일반적인 소개에 그치는 것이 좋다. 그리고 연구문제와 관련된 분야의 연구동향과 더불어 연구문제의 도출배경을 설명한 다음에 연구문제를 구체적으로 진술하는 것이 바람직하다.

서론에서 연구문제와 선행연구 간의 관계를 진술하는 것은 연구문제를 명확하게 진술하고 연구문제의 도출 배경이 되는 근거를 밝히기 위함이지 연구문제의 해결 및 연구가설의 도출 근거를 제시하기 위함은 아니다. 이 점을 구분하지 못하면 서론의 내용과 이론적 배경의 내용이 상당 부분 중첩되게 된다. 연구가설은 논리적이고 체계적인 방법으로 선행연구나 이론을 고찰함으로써 도출된다. 따라서 연구가설은 선행연구의 결과나 이론적 배경의 고찰과정에 따라 자연스럽게 논리적으로 조직하여 기술되어야 한다.

논문의 서론부분을 작성하면서 검토해 보아야 할 사항들을 제시해 보면 다음과 같다.

- ✓ 연구의 목적과 그 필요성이 명확히 진술되어 있는가?
- ✓ 연구문제가 분명하게 진술되어 있는가?
- ✓ 연구문제의 중요성이 잘 피력되어 있는가?
- ✓ 연구문제와 선행연구 간의 관계가 명료하게 진술되어 있는가?
- ✓ 주요 용어에 대한 정의가 분명하게 되어 있는가?
- ✓ 연구의 제한점이 분명하게 진술되어 있는가?

2) 이론적 배경(선행연구의 고찰)

연구자는 제기한 연구문제를 해결하기 위해 선행 연구결과나 관련 이론들을 면밀하게 고찰하여 연구문제에 대한 잠정적인 답을 구안하고, 연구문제의 변인과 변인 간의 구체적인 관계를 예측하는 연구가설을 도출해야 한다. 이론적 배경의 진술목적은 연구문제의 변인들 간의 관계를 논리적이고 체계적으로 탐색하여, 연구문제 및 연구가설의 도출 배경을 구체적으로 진술하는 데 있다.

연구가설이란 이론적 배경의 탐색을 통해 얻어진 연구문제에 대한 연구자의 잠정적인 결론이다. 연구가설은 연구자가 임의로 선택하는 것이 아니라 관련된 선행연구나 이론, 즉 이론적 배경을 근거로 설정되기 때문에 연구자는 자신의 연구가설이 어떤 근거에서 도출되었는지를 분명하게 설명할 수 있어야 한다. 연구자는 논문의 이론적 배경 부분에서 연구문제와 관련된 선행연구나 이론을 고찰하고, 연구가설이 귀납적으로 도출될 수 있도록 고찰된 내용을 논리적으로 조직하여 제시하여야 한다. 이 부분에서 선행연구 결과나 이론을 통해 수집된 구체적인 정보로부터 연구가설이 귀납적으로 도출되어 진술된다.

논문의 이론적 배경 부분을 작성하면서 검토해 보아야 할 사항들을 제시해 보면 다음과 같다.

- √ 연구변인의 특성과 변인 간의 관계가 면밀히 검토되었는가?
- √ 연구문제와 관련된 선행연구 결과 및 관련 이론이 구체적으로 고찰되었는가?
- √ 연구문제에 대한 잠정적인 답이 될 수 있는 연구가설이 논리적으로 도출되었는가?
- √ 연구가설의 진술방식이 적절한가?

연구의 성격에 따라 연구가설이 설정되지 않는 경우도 있다. 연구자가 관심을 지니고 있는 현상이나 사실에 대해 이해를 위한 정보를 수집하여 분석하고자 하는 경우에는 연구의 가설이 설정되지 않을 수 있다. 그러나 경험적 자료를 수집해 누적하는 것만으로는 과학적 지식과 통찰의 진정한 발전을 기대할 수 없다. 경험적 연구의 궁극적 목적은 어떤 현상이나 낱낱의 사실에 대한 정보를 수집하는 데 있다기보다는 현상이나 사실에 대한 연구자 자신의 이해와 추론이 옳고 그른지를 알아보려는 데 있다. 연구자가 가설 없이 연구를 수행한다면 이는 연구자 자신의 사고가 맞는지를 확인해 볼 수 있는 기회를 스스로 포기하는 결과를 가져오게 된다. 따라서 연구의 목적이 단지 현상이나 사실에 대한 경험적 자료의 수집에 있는 것이 아니라면, 연구자는 연구가설을 설정하고 가설을 도출한 사고 과정의 적합성을 검증해 보는 과정을 통해 체계적인 지식을 얻을 수 있어야 할 것이다. 이런 과정은 연구의 방법론을 터득해 가는 데도 많은 도움이 될 것이다.

3) 연구방법

연구방법 부분에서는 연구자가 연구문제의 해결을 위해 고안한 연구 설계 즉, 누구를 대상으로, 어떤 도구를 사용하고, 어떤 자료수집 절차에 따라, 어떻게 경험적 자료를 수집하고, 어떤 방법으로 자료를 분석하였는지에 대해 구체적으로 진술하게 된다. 연구방법의 기술은 독자가 연구의 과정을 충분히 이해할 수 있고 그 과정을 반복해 볼 수 있을 정도로 상세하고 구체적이어야 한다.

연구방법 부분을 진술할 때 포함되어야 하는 내용이 확고하게 정해진 것은 아니지만 ① 대상, ② 측정도구, ③ 방법 및 절차, ④ 자료분석방법 등은 구체적으로 기술되어야 한다. 연구의 유형에 따라 네 가지 요소의 중요성 정도에 차이가 있을 수 있으나 그 어느 것도 생략할 수는 없다.

연구방법 부분을 작성하면서 검토해 보아야 할 사항들을 제시해 보면 다음과 같다.

- √ 실천 가능한 연구방법이며, 모든 방법 가운데 최선의 것인가?
- √ 연구 설계의 장단점은 무엇이며, 특별한 약점은 없는가?
- √ 연구대상의 특성을 잘 기술하고 있는가?
- √ 표집방법은 적절했는가?
- √ 측정도구에 대해 잘 기술하고 있는가?
- √ 측정도구의 신뢰도와 타당도가 잘 검토되었는가?
- √ 자료수집 방법과 절차가 잘 기술되어 있는가?
- √ 자료수집을 위해 사용된 방법은 적절한가?
- √ 자료분석을 위한 방법이 잘 선정되었는가?
- √ 자료분석을 위한 방법이 제대로 적용되었는가?
- √ 연구의 진행절차가 충분히 잘 기술되어 있는가?

4) 연구결과

연구결과 진술 부분은 논문의 중핵적인 부분으로 연구문제를 탐색해 얻어진 결과를 제시하고 연구결론을 정당화하기 위한 곳이다. 따라서 연구자는 수집된 자료의 분석결과를 명확하게 정리하여 결론을 뒷받침할 수 있는 객관적인 자료 형식으로 제시하고, 이에 근거해 연구문제와 연구가설에 대한 연구결론을 도출해 내야 한다.

자료의 분석결과를 제시할 때는 우선 분석의 기초가 되는 자료를 요약하여 제시하고, 가설과 관련된 통계분석 결과를 정해진 양식에 따라 제시한다. 그리고 통계분석 결과에 대한 통계적 유의도 검증결과를 기술하게 된다. 연구결과를 진술함에 있어 연구자는 연구결과의 기술과 연구결과에 대한 주관적 해석을 명백히 구별해야 한다. 연구결과의 기술이란 결론을 뒷받침하는 요약된 자료와 가설을 검증해 주는 통계적인 분석결과의 제시를 의미하며, 연구결과에 대한 해석은 분석결과를 요약하여 제시한 자료에 대한 설명과 강조 및 주의 환기 등을 의미한다. 연구결과를 해석할 때는 빈도가 높거나 숫자가 큰 것뿐만 아니라 작은 통계치에도 관심을 지녀야 한다. 각 통계치가 지닌 의미는 연구목적에 비추어 해석되어야 하며 연구자는 지적인 정직성과 공정한 태도를 지녀야 할 것이다. 연구결과에 대한 해석이 연구자의 연구결과에 대한 주관적 혹은 임의적 해석을 의미하는 것은 아니다.

연구결과는 실험연구의 경우에는 실험절차에 따라, 사례연구나 임상적 연구에서는 사례를 어떤 특성에 따라 형태별로 묶어서, 역사적 연구에서는 연대순으로 제시하도록 하여, 연구결과의 제시 절차가 어떤 체계성과 통일성을 갖출 수 있도록 해야 한다. 경험적 연구에서는 경험적 분석결과가 연구결과로 제시되고, 이론적 연구에서는 논리적 탐색 결과 얻어진 연구자의 이론적 주장이 연구결과로 제시되게 된다. 그러나 연구결론의 도출에 직접적으로 관계되지 않는 자료는 부록에 첨부하여 필요시에 독자로 하여금 참고하도록 하는 것이 좋다. 본문과 직접적으로 관계되지 않는 자료의 제시는 중요한 자료에 대한 관심을 소홀하게 할 뿐만 아니라 독자가 논문을 읽어 가면서 논문의 요지를 이해하는 데 많은 혼란과 불편을 초래하게 된다.

연구 결과가 연구자의 예상과 일치하지 않게 나왔다 하더라도 그것 나름대로의 가치를 인정해야 한다. '예상치 못한' 결과가 얻어진 이유는 다양하며, 예상치 못한 결과가 도출되게 된 원인들을 조심스럽게 검토해 보아야 한다. 가설의 도출 과정이 틀렸을 수도 있고, 연구 설계가 부적절하거나 타당하지 못한 경우도 있고, 연구가 계획된 대로 수행되지 못한 경우도 있을 것이며, 어떤 연구결과는 연구문제가 형성될 당시 예상하지 못했던 새로운 국면이나 사실을 포함하고 있을 수도 있다. 이들 모두 그 나름대로의 가치를 지니며, 새로운 문제를 제기하는 데 중요한 역할을 한다.

연구결과 부분의 작성과 관련해 검토해 보아야 할 사항들을 제시해 보면 다음과 같다.

√ 수집된 자료가 연구목적에 적합한 통계적 절차를 거쳐 요약 및 분석되었는가?
√ 연구문제 및 연구가설과 관계없는 분석결과를 제시하고 있지는 않은가?
√ 통계분석 결과의 제시방식이 적절한가?
√ 연구결과를 객관적으로 잘 기술하고 있는가?
√ 연구결과를 해석할 때 지나친 일반화와 추후해석을 하고 있지는 않은가?
√ 예상치 못했던 결과에 대해 정직하게 진술하였는가?

5) 논의

논의는 얻어진 연구결과를 여러 각도에서 분석 및 검토하여 결론을 도출하게 되는 결론 도출의 전 단계이다. 논의 부분에서는 얻어진 연구결과에 기초하여 연구문제에 대한 결론을 확인하거나, 연구설계상의 문제점 및 자료수집상의 문제점 등과 관련하여 연구결과를 요약 · 검토하고 해석한다. 또한 논의 부분에서는 해당 연구에서 발견된 사실과 일치하거나 일치하지 않는 과거의 연구결과들의 대조와 비교를 통해 연구결과를 해석하고, 연구결과의 적용의 한계, 연구방법이나 표집에 있어서의 제한점이나 문제점, 연구결과의 의의, 뜻밖에 발견된 예외 사실에 대한 설명 등을 기술해야 한다.

연구자가 연구결과를 분명하게 설명하고 해석할 수 있기 위해서는 '왜' 또는 '어떻게' 그런 연구결과를 얻게 되었는지를 설명하고 해석할 수 있는 지식과 논리적 틀이 있어야 한다. 해석을 위한 지식이나 논리적 틀은 바로 선행연구의 고찰로부터 얻어지는 것이므로, 연구자는 선행연구나 관련이론을 충분히 비판적으로 고찰하고 연구문제와 관련된 지식을 심층적으로 이해하고 있어야 한다. 논의 부분에서는 비교적 연구자의 주관적인 해석이 허용되기는 하지만, 연구자는 이해관계를 떠나 논리전개의 공정성을 기해야 하며 결과해석에 연구자의 독단이 개입되지 않도록 주의해야 한다.

논의 부분의 작성과 관련해 검토해 보아야 할 사항들을 제시해 보면 다음과 같다.

- ✓ 연구문제 및 연구가설과 직접 관련이 있는 통계적 분석결과를 통계적인 전문용어를 사용하지 않고 설명 · 요약해 진술하였는가?
- ✓ 해석을 위한 지식과 논리적 틀이 적합한가?
- ✓ 연구결과가 관련된 선행연구나 이론적 틀 속에서 논리적으로 해석되고 설명되었는가?
- ✓ 연구결과가 기대와 합치되지 않는 방향으로 도출되었을 경우, 그에 대한 설명과 가능한 이유를 논리적으로 진술하였는가?
- ✓ 연구결과의 해석에 연구자의 독단이 개입되지 않았는가?

6) 결론

결론 부분은 논의를 통한 결론 도출의 과정이며 연구결과에 대한 일반화 과정이다. 논의와 결론 부분을 하나의 절로 구성하여 논의와 더불어 결론을 함께 진술하기도 하지만, 절을 달리하여 따로 제시하는 경우가 일반적이다.

결론 부분에서는 결과와 결론에 비중을 두고 연구문제와 연구목적, 가설의 진술, 연구방법, 결과 및 논의 등 논문의 전체 과정을 간략히 요약해 제시한다. 요약의 목적은 연구문제와 관련된 기초 지식을 가진 사람이면 논문 전체를 읽지 않더라도 연구의 전체 윤곽을 파악할 수 있도록 하기 위함이므로 간결하면서도 포괄적인 요약이 되도록 한다. 부피가 큰 논문이나 또는 박사학위 논문 등에서는 각 장마다 마지막에 간략한 요약을 제시하고 결론 부분에서 전체적 요약을 하기도 하지만, 석사학위 논문에서는 이를 요구하지 않는다. 논문의 전체과정을 간략하게 요약하여 제시하는 요약 부분에서는 문헌을 인용하지 않는 것이 원칙이다.

연구의 결론에 관한 것은 결과와 논의부분에서 이미 어느 정도 제시되어 있으므로, 이 부분에서는 연구 결과와 이미 논의된 바를 종합하여 보다 일반적인 수준에서 연구문제에 대한 최종적인 결론을 제시하도록 한다. 이때의 결론은 가능한 한 수식어를 제외하고 간결하고 단순한 문장으로 표현한다. 결론을 내릴 때에는 과거의 연구결과를 고려하여 신중하도록 하며, 지나친 일반화나 연구결과의 과소평가는 하지 않도록 주의해야 한다. 결론 부분에 연구의 실제적 및 이론적 의의, 연구의 제한점, 새로운 연구의 제안 등 다양한 제언을 포함시킬 수 있으며, 또는 절을 달리해 따로 제시할 수도 있다.

결론 부분의 작성과 관련해 검토해 보아야 할 사항들을 제시해 보면 다음과 같다.

- ✓ 결론이 명확한 근거 위에서 지적(知的)으로 정직하게 도출되었는가?
- ✓ 결론이 분명하게 진술되어 있는가?
- ✓ 연구결과의 일반화는 적절하였는가?
- ✓ 연구결과를 지나치게 과소평가하거나 과대평가한 것은 아닌가?
- ✓ 연구 전체를 간략하게 요약하여 제시하였는가?
- ✓ 결론 진술 시 연구의 제한점이 적합하게 고려되었는가?

7) 논문의 주요 내용과 내용목차의 예

지금까지 설명한 논문의 주요 내용과 그 순서를 간략히 요약하면 다음과 같다. 이는 논문작성에서 취급되어야 할 내용요소들을 순서대로 열거한 것이며, 실제 논문의 내용목차는 연구의 성격에 따라 그 항목의 명칭이 여러 가지로 다르게 변경되거나 생략되기도 할 것이다. 특히 이론적 배경부분의 내용목차는 연구변인의 특성과 탐색하고자 하는 연구변인들 간의 관계에 기초하여 연구가설을 도출해 내기 위한 논리적 근거로 구성하여야 할 것이다.

논문의 주요 내용과 순서

1. 서론

(1) 연구의 목적과 필요성
(2) 연구 문제
(3) 용어의 정의 및 연구의 한계점

2. 이론적 배경

(1) 관련된 과거연구의 고찰
(2) 과거연구가 내포하는 이론적인 의의
(3) 위의 (2)에서 제시한 이론적 입장과 본 연구와의 관계
(4) 구체적인 연구목적이나 검증하려는 연구가설

3. 연구방법

(1) 연구자료의 수집과정, 측정 및 분석 등 연구절차의 일반적 개요
(2) 측정도구의 특성
(3) 측정 절차(연구진행 절차)
(4) 표집(표집의 특성과 표집방법, 전집의 규정)
(5) 분석 방법

4. 결과 및 논의

(1) 수집된 자료의 요약
(2) 통계적 분석 결과
(3) 연구 가설의 검증
(4) 결과의 해석
(5) 결과에 대한 논의

5. 요약 및 결론

(1) 연구과정 및 결과의 요약
(2) 연구 결론의 진술
(3) 제언

논문의 내용목차에 관한 실례를 몇 가지 제시해 보면 다음과 같다. 논문의 내용목차에 관한 항목은 논문의 규모와 논문의 성격에 따라 그 구성과 제목이 다양하게 제시될 수 있다.

내용목차 **예시 1**

논문제목: 교직수행지능검사의 타당화 연구

Ⅰ. 서론
  A. 연구의 필요성 및 목적
  B. 연구문제

Ⅱ. 이론적 배경
  A. 지능
  B. 실천지능
  C. 성공적인 교사
  D. 교사관련 정의적 특성
  E. 교직 수행지능의 개념적 틀

Ⅲ. 연구의 가설
  A. 주요 변인의 설정 및 정의
  B. 연구가설

Ⅳ. 연구방법
  A. 연구대상
  B. 측정도구
  C. 연구절차 및 자료분석 방법

Ⅴ. 연구결과 및 논의

Ⅵ. 요약 및 결론

참고문헌

영문초록

내용목차 **예시 2**

논문제목: 학생의 변화점수에 기초한 교수효과 측정모형 간의 비교연구

I. 서론

1. 문제제기
2. 연구문제

Ⅱ. 이론적 배경

1. 변화점수
2. 변화 측정모형
3. 교수효과 측정모형

Ⅲ. 연구방법

1. 연구방법의 개요
2. 자료의 표집
3. 변화점수의 산출
4. 교수효과 측정모형 간의 비교

Ⅳ. 연구결과 및 해석

1. 기술통계치
2. 검사 동등화 결과
3. 교수효과 측정모형 간의 비교결과

Ⅴ. 요약 및 결론

참고문헌

부록

영문초록

내용목차 예시 3

논문제목: 한국산업의 관련효과 분석－국제비교와 역사적 비교

I. 서론

1. 연구의 목적
2. 산업관련 효과분석의 중요성
3. 접근방법
4. 산업관련 효과분석을 위한 자료

Ⅱ. 산업관련 효과분석의 기본모형

1. 투입－산출의 기본 원리
2. 산업의 분류
3. 산업관련표의 형식
4. 산업관련 효과의 분석모형

Ⅲ. 한국산업의 관련효과 분석

1. 경제 전체의 연쇄효과 분석
2. 산업의 연쇄효과 분석
3. 사업 분류방식에 의한 연쇄효과의 분석
4. 거래행렬의 삼각배열에 의한 분석
5. 산업기법에 의한 분석
6. 중간수요에 의한 분석

Ⅳ. 요약 및 결론

참고문헌

부록

영문초록

내용목차 **예시 4**

논문제목: 수행평가에 함축된 교육의 개념과 가치에 관한 비판적 검토

Ⅰ. 서론

Ⅱ. 교육평가의 성립요건

1. 교육의 개념
2. 가치

Ⅲ. 수행평가에 함축된 교육의 개념

1. '교육 = 학교태'
2. 기능주의적 교육관

Ⅳ. 수행평가에 함축된 가치

1. 가치의 종류
2. 가치의 서열
3. 가치갈등

Ⅴ. 교육평가로서의 수행평가 구상

1. 수행평가와 교육평가의 관계
2. 교육평가로서의 수행평가의 가능성
3. 수행평가 연구의 향후 과제와 전망

Ⅵ. 요약 및 결론

참고문헌

영문초록

8) 논문의 제본

학위논문의 경우에는 논문 공표를 위해 논문인쇄본을 만들어야 한다. 따라서 형식과 체재를 갖추어 논문을 완성하였으면 최종절차는 논문을 인쇄하기 위해 제본하는 일이다. 일반적으로 학위논문의 제본 순서는 다음과 같다.

학위논문의 제본 순서

(1) 표제와 제명
(2) 간지
(3) 표제면
(4) 학위논문 제출서와 인준서
(5) 머리말
(6) 내용목차
(7) 표 목차
(8) 그림 목차
(9) 논문의 주 내용
– 내용목차에 제시된 순서대로 진술
Ⅰ. 서론
Ⅱ. 이론적 배경
Ⅲ. 연구방법
Ⅳ. 결과 및 논의
Ⅴ. 요약과 결론
(10) 참고문헌
(11) 부록
(12) 영문초록(본문이 외국어인 경우 국문초록)
(13) 감사문(생략 가능)

각 대학이나 연구기관은 학위논문을 제본할 때 따라야 할 논문체재상의 순서와 논문제본 양식에 대한 구체적인 사항을 '학위논문 작성지침'을 통해 밝히고 있으므로 반드시 확인하여 작성지침을 준수하여야 한다.

3 인용방법

연구자는 연구논문을 작성할 때 연구문제와 직간접으로 관련되는 다른 사람들의 견해와 주장을 인용하게 된다. 예컨대, 논문을 쓸 때 연구문제에 대한 연구동향과 이전에 이루어진 연구에 대한 소개 그것 자체가 인용인 것이며, 인용은 논문을 쓸 때 반드시 필요한 것이다. 따라서 연구자는 올바른 인용방법을 익혀 정당한 범위 안에서 공정한 관행에 합치되게 다른 사람의 글을 인용할 수 있어야 하며, 인용을 자신의 견해를 보조하기 위한 수단으로 활용할 수 있어야 한다.

1) 인용의 목적

연구자는 글을 쓸 때 남의 견해가 아닌 자신의 생각을 정립하고 이를 중심으로 논리를 전개해 가야 하지만 상황에 따라 다른 사람의 견해와 주장을 빌려야 하는 경우도 있다. 연구논문에서 다른 사람의 견해나 주장을 인용하는 목적은 다음과 같다.

• 연구자가 관심이 있는 주제에 대한 여러 학설과 견해를 고찰하고 비교 분석함으로써 자신의 주장을 전개할 수 있는 이론적 기초를 마련

한다.

- 권위있는 이론이나 주장을 인용해 제시함으로써 자신의 논리의 타당성과 정당성을 뒷받침한다.
- 다른 사람의 주장과 견해를 자신의 것과 대조시키고 차이점을 밝힘으로써, 자신의 견해의 새로움이나 특수성을 부각시키고 자신의 논리가 타당함을 주장할 수 있는 근거를 마련한다.

인용은 잘못하면 논문의 가치를 크게 떨어뜨릴 수도 있다. 권위있는 학자의 견해나 이론이라 할지라도 문맥상 인용이 적절치 못하거나 그에 대한 해석이 올바르지 못하면 인용효과는 반감되거나 역효과를 가져올 수 있다. 또한 다른 사람의 견해와 주장을 너무 빈번하게 인용하면 자기 주장의 설득력을 잃게 될 수도 있다. 따라서 연구자는 인용하는 자료가 인용할 충분한 가치가 있는 것인가를 확인하고, 인용할 내용을 충분히 내 것으로 소화한 후 인용해야 한다.

2) 인용의 기본 윤리

인용은 다른 저자의 견해나 주장을 빌려 쓰는 것이므로 자신의 것이 아님을 분명하게 밝혀 빌려 준 사람에 대한 예의를 표해야 하며, 인용에 따른 윤리와 책임을 준수해야 한다. 인용의 윤리에 관한 몇 가지 기본원칙을 제시해 보면 다음과 같다.

- 자신이 실제로 읽고 이해한 범위 내에서 인용해야 하며, 글에 대한 이해 없이 베껴 쓰는 식의 인용은 절대 금해야 한다.
- 남의 글을 인용했으면, 반드시 인용한 사실과 그 출처를 밝혀야 한다.
- 원문을 왜곡해 인용해서는 안 되며, 특히 남의 글에서 일부분만 떼어 인용할 경우에는 본래 문맥의 의도와 어긋나는 방향으로 인용하지 않도록 조심해야 한다.

• 인용내용은 연구자가 직접 읽고 확인한 것이어야 하며, 1차적 자료(primary source)가 없어 부득이 다른 사람이 인용한 것을 근거로 다시 인용하게 되었을 경우에는 반드시 2차적 자료(secondary source)를 근거로 재인용했다는 사실을 밝혀주어야 한다.

3) 인용의 기본 유형

인용이 소기의 목적을 달성하려면 우선 인용된 자료가 증거로서 충분한 가치를 지녀야 하고 그것이 논문의 체재 안에서 적절하게 다루어져야 한다. 인용에는 원문을 그대로 인용하는 직접인용과 원문의 내용을 자신의 말로 풀어서 인용하는 간접인용이 있다. 어떠한 경우이든 인용을 할 때는 연구자의 의견과 인용된 것이 명확히 구분되도록 해야 하며, 인용의 근원을 알리는 주(註)를 달고 구체적인 출처를 참고문헌목록에 명시해야 한다. 인용은 1차적 자료(primary source)에서 하는 것이 원칙이나, 부득이 일차적 자료를 참고하기 어려울 경우에는 남이 인용한 것을 다시 인용하는 재인용(secondary source citation)을 할 수밖에 없다. 이런 경우에는 반드시 재인용이라는 사실을 밝혀야 한다.

(1) 직접인용

직접인용은 어떤 저술 내용을 원문 그대로 자신의 글에 옮겨 놓은 것을 말한다. 직접인용은 원문을 그대로 제시하는 것이 가장 적절하거나 원문이 아니면 내용전달에 오해가 생길 수 있을 때, 또는 자신의 견해와 대조되는 원문의 내용을 부각시키고자 할 때 주로 사용된다. 직접인용을 할 때는 원문의 철자, 구두점, 자구 등을 그대로 옮겨야 하며, 직접인용된 글은 반드시 큰따옴표로 표시하거나 독립된 단락으로 만들어 본문과 구별되도록 해야 한다. 직접인용의 표기방법에 관한 일반 원칙을 몇 가지 제시하면 다음과 같다.

① 인용해야 할 원문이 200자 미만(약 4~5행 정도)인 경우에는 인용부호 " "로 표시한다. 그 이상이 될 때에는 문단형식이나 글자크기를 조절하여 별도로 문단(paragraph)을 만들어 본문과 구별한다. 별도의 문단을 만들 때는 인용문의 아래 위와 지문 사이에 각각 1행씩을 띄우고, 3글자(영문의 경우 5글자)를 양편에서 안으로 모아서 쓴다. 직접 인용된 문단임을 구분하기 위해 『 』로 표시할 수도 있으며, 『 』를 표시했을 경우에는 일관성 있게 전체 논문에 적용하여야 한다.

● 짧은 글 인용의 예

하이데거(Heidegger)는 "모든 사람은 언제나 그 자신의 가능성에 따라서 자기 자신을 투기한다."라고 말하면서 인간의 개별성을 강조하고 있다.

● 긴 글 인용의 예

현대 철학의 비이성적인 인간관은 그대로 실존주의에 의해서도 이어받아졌다. 그러나 그는 이성과 실존주의의 관계를 다음과 같이 말하고 있다.

> 『사람의 존재 곧 실존이 모든 것보다 앞선다. 실존은 가장 근본적이고 가장 최종적인 현실이다. 이러한 최종적인 현실로서의 실존은 이성이 도달할 수 없는 부조리한 존재현실이며 역설적인 존재현실이다. 그러므로 실존은 이성을 통해서 인식되는 것이 아니고 불안의 정조(情調)를 통해서 체험될 수 있는 것이다.』

● 영문의 경우

Thelen rejects the normal classroom order that develops around the basic values of comfort and politeness or of keeping the teacher happy. Rather, the classroom group should take seriously the process of developing a social order.

> The teacher influences the emerging social order toward inquiring when he bring out and capitalizes on differences in the way students act and interprets the role of investigator which is also the role of member in the classroom.

Life in classroom takes the form of series of 'inquiry'. Each inquiry starts with a situation to which students can react and discover basic conflicts among their attitudes.

② 직접인용은 원문 그대로를 옮기는 것이 원칙이지만, 필요하지 않다고 생각되는 부분은 생략할 수 있다. 직접인용에서 문구를 생략했을 경우에는 반드시 4점 줄임표(四點符號: ....)나 3점 줄임표(三點符號: ...)로 표시해야 한다. 3점 줄임표나 4점 줄임표의 위치는 마침표(.)와 같은 선상에 두되, 4점 줄임표를 찍을 때는 줄임표의 맨 첫 번째 점은 문자 바로 다음에 찍으며, 3점 줄임표를 찍을 때는 줄임표의 맨 처음 점은 문자와 한 칸 정도의 간격을 둔다.

● 3점 줄임표의 예

3점 줄임표는 일반적으로 한 문장의 중간부분이 생략되었을 경우에 사용한다. 따라서 이 줄임표의 맨 처음 점은 마침표처럼 문자 바로 다음에 찍는 것이 아니라 한 칸 정도의 사이를 둔다.

> 구성원들이 상대방의 ... 연습하였다.

● 4점 줄임표의 예

인용된 문의 끝부분이 생략되었거나, 문장의 한 절이나 그 이상을 전부 생략하였을 때 사용한다. 이때의 맨 처음 점은 3점 줄임표와는 달리 문자 다음에 바로 찍어 마침표 역할도 하게 한다. 원문에 물음표나 느낌표 등이 사용되어 문장이 끝났을 경우에는 그 부호들을 그대로 두고 그 대신 3점을 찍도록 한다.

> 구성원들의 협조를 얻어 일을 진행하였다.... 최종 보고된 결과에 따르면 참석 인원은 총 24,000명이었다.

● 문구 생략의 예

> 교육과정상에 제시된 바와 같이 사회과 목표를 '사회현상을 바르게 이해하여 ... 민주시민으로서의 자질을 기른다.' 라고 한다면 탐구수업은 다시 구분될 수 있을 것 같다.

③ 시를 인용할 때 시가 3, 4행 정도면 각 행간을 사선(/)으로 구분하여 " "로 묶고 그 이상이 될 때는 별도로 문절을 만든다.

● 짧은 시 인용

> 소월의 "산에는 꽃피네 / 꽃이 피네 / 갈 봄 여름 없이 / 꽃이 피네"와 같은 구절을 읽을 때 시대성을 떠올리고 읽는다면 그 꽃과 계절이 향토와 맥을 같이하고 있음을 간파하게 된다.

● 긴 시 인용

시의 인용에서 한 행 전부 또는 그 이상을 생략할 때는 시행과 같은 길이의 줄임표를 사용한다.

다음의 시를 감상해 보자.

늙은 집에
바람이 쌓이고 있다.
삼경과
사경 사이로
여섯 필 피묻은 치마끈이 지나간다.
………………………………………
가고 있는 것들이
수레를 끌고 웅성거리며 모여든다.

④ 인용 부분 중에서 의미가 불명확하거나, 오류가 있어 이를 지적하여 바로잡을 때, 혹은 특정 어구를 강조하고자 할 때, 인용자가 임의로 내용을 첨가할 수 있는데, 이때는 [ ] 기호를 사용해 자구를 삽입하도록 한다.

"그러면서 [잉카제국의 유물을 보며] 잉카제국은 고도의 문명국임을 알 수 있지…."

"이 작품[피카소의 〈게르니카〉]은 아름답다…."

"그는 6·25 발발 다음해인 1950[1951]년에 학도병으로서 …"

⑤ 인용 부분 중 일부를 강조하는 방법으로 밑줄을 긋거나 방점을 찍을 때가 있는데 이때는 이를 밝혀야 한다. 다음은 인용 부분 중 일부를 강조한 예이다.

사람들이 공감할 수 있는 능력을 얻기 위해 선택할 수 있는 원리들을 제시하고 있다.

존중에 대한 도덕적 태도를 갖추기 위하여 지녀야 할 한 가지 요

> 소로서 적극적 공감을 할 수 있는 능력을 자연스럽게 표현한다는 것이 어렵다고 ... (밑줄: 필자).

이러한 관점은 바른 태도를 개발하기 위한 고도의 이성적인 접근을 전제하고 있다.

(2) 간접인용

간접인용은 원저자의 표현을 원문 그대로 인용하지 않고, 연구자가 원저자의 표현을 이해한 후 자신의 말로 바꾸어 인용하는 것이다. 따라서 간접인용은 원문의 내용을 연구자 자신이 이해한 대로 자신의 언어로 바꿔 쓰는 것이며, 간접인용을 하기 위해서는 원문과 다른 표현을 사용해야 하고 문장구조도 달리 해야 한다. 이렇게 하는 것을 '풀어쓰기(paraphrase)'라고 한다.

만약 인용문에서 따옴표만 생략하고 제대로 풀어쓰지 않는다면 출처 표시를 했더라도 표절의 비난을 받을 수 있으므로, 연구자는 인용된 내용에 대한 자신의 이해를 보여줄 수 있도록 풀어쓸 수 있어야 한다. 풀어쓰기는 인용문에 대한 막연한 이해만으로는 불가능하며, 원저자가 어떤 뜻에서 그런 글을 썼는지를 분명하게 파악할 수 있어야 가능하다.

원문의 본 모습은 거의 알아볼 수 없을 정도로 바꾸면서도 원문의 의미는 거의 동일하게 유지되도록 하는 것이 간접인용의 기본 원칙이다. 가장 좋은 간접인용 방법 중의 하나는 인용문의 핵심 부분을 요점을 간추려 요약하는 것이다. 원문의 내용을 일반적인 사실에 관한 진술과 원저자의 고유한 사고에 대한 진술로 나누어, 원저자의 견해 부분은 어휘와 표현을 바꿔 인용하고 일반적인 사실에 관한 진술 부분은 충분히 풀어쓰도록 한다. 일반적인 사실을 진술하는 부분을 충분히 풀어쓴다면 이는 간접인용이 아닌 연구자 자신의 서술로 제시하여도 무방하다. 간접인용에서는 본문에 삽입된 괄호 안에 인용문헌에 관한 정보를 제시하는 내주(內註)를 달아 그 출처를 밝혀야 한다. 간접인용의 표기방법에 관한 일반 원칙을 몇 가지 제시하면 다음과 같다.

① 인용하는 저서나 논문의 저자명이 본문에 표기되지 않은 경우에는 내용의 끝 부분에 괄호를 하고 그 속에 저자명과 발행연도를 표시한다(경우에 따라서는 페이지를 명기하기도 한다).

교사의 평가전문성에 관한 최근의 한 연구는(김신영, 2007) ...

교사의 평가전문성에 관한 최근의 한 연구는(김신영, 2007, p. 16) ...

교사의 평가전문성에 관한 최근의 한 연구는(Barkey, 2005) ...

② 저자의 이름이 본문에 나타나 있는 경우에는 발행연도만을 표시한다.

홍성호(2004)는 ... 을 발견하였다.

③ 저자가 두 명일 때에는 두 저자의 이름을 모두 표시하고 발행연도를 명시하되, 저자의 수가 3인 또는 그 이상일 때에는 주 저자의 이름만을 명기하고 다음에 et al.이라는 기호를 붙인다. 한국인인 경우에는 주 저자의 이름 다음에 '외' 라고 표기하기도 한다.

이와 같은 증거는 김신영과 노국향(2002)에 의하여 제시되었다.

부모와 청소년 간의 심리적 고민이 상호작용하는 양상을 3년간의 종단 연구를 통해 밝히고 있다(Conger et al., 1995).

무조건적 존중과 온정, 공감적 이해, 진솔성과 일치 등은 인간의 성장과 발달을 목적으로 하는 관계의 필수조건의 하나로 강조되고 있다(김혜숙 외, 1995).

④ 한 저자의 연구결과가 동일한 연도에 두 개 이상이 되는 경우에는 연도 뒤에 a, b, c 등으로 구별하여 표시한다.

> Johns(1962a)는 ... 하였으나 그 후에 이루어진 연구결과(Johns, 1962b)는 부정적인 영향을 미친다고 보고하고 있다.

⑤ 여러 저자의 각각 다른 연구를 동시에 인용하였을 때에는 인용된 연구들 사이에 세미콜론(;)을 넣으면서 열거하도록 한다.

> 이는 최근의 연구결과(김진만, 나원일, 1992; White, M., 1991; William G., 1990)와도 일치한다.

⑥ 재인용은 다른 연구의 인용방법과 동일한 방식으로 표기하되, 인용 연구의 연도 뒤에 쉼표(,)를 하고 '재인용'이라고 표시한다.

> 임인재(1992, 재인용)는 ... 하였다.

⑦ 원문의 표현을 전혀 바꾸지 않고 원문 그대로를 인용할 경우에는 (예1)과 같은 간접인용의 형식을 취해서는 안 되며 (예2)와 같이 직접인용의 형식을 따라야 한다.

> (예1)
>
> 장상호(1997)는 외래학문이 교육학이 실제문제에서 벗어나 학문적인 지위를 얻는 데 큰 몫을 한 것은 사실이지만 그러한 전통 위에 세워진 것은 교육학이기보단 이류적인 잡학의 양상일 뿐이라고 말하면서 교육학의 학문적 정체성 확립을 주장하였다.

(예2)

장상호는 "외래학문이 교육학이 실제문제에서 벗어나 학문적인 지위를 얻는 데 큰 몫을 한 것은 사실이지만 그러한 전통 위에 세워진 것은 교육학이기보단 이류적인 잡학의 양상일 뿐이다."라고 말하면서 교육학의 학문적 정체성 확립을 주장하였다.

따옴표를 생략하고 원문의 내용을 변용없이 그대로 인용한다면 이는 연구자가 자신의 말로 풀어쓴 간접인용으로 이해되므로 표절로 간주될 수 있다.

4) 인용과 표절

표절은 다른 사람의 글을 인용하면서 인용 사실을 밝히지 않은 것이다. 다른 사람이 쓴 글의 고유한 내용을 자신의 것으로 인용출처를 밝히지 않고 제시하는 것은 당연히 표절이며, 자신의 생각과 다른 사람의 생각의 구분을 모호하게 하는 것도 표절이다. 표절은 출판된 다른 사람의 생각이나 말과 글뿐만 아니라 출판되지 않은 다른 사람의 독창적인 생각이나 말과 글에도 적용된다.

다른 사람의 글을 문자 그대로 베끼고 인용표시를 제대로 하지 않은 자구(字句)의 표절은 가장 명백한 형태의 표절로서, 단지 한 단락, 한 문장, 혹은 한 구절을 다른 글에서 가져다 써도 표절로 문제될 수 있다. 물론 한 구절을 가져다 쓴 것이 표절로 문제가 되려면 그 구절이 특정인의 특수한 생각을 그대로 드러내는 것이어야 하지만, 한 구절의 표절도 경우에 따라 문제가 될 수 있으므로 항상 올바른 인용을 통해 표절을 피해야 한다.

표절의 의혹을 피하기 위해 다른 사람의 글을 옮겨 적은 다음 몇 군데의 표현을 바꾸는 것도 큰 틀에서 문장의 동일성이 확인된다면 표절에 속한다. 또한 다른 사람의 글을 내용 그대로 베끼지 않았다 하더라도 그

글에서 알게 된 저자의 독창적인 아이디어를 적절한 인용 없이 자신의 아이디어인 것처럼 표현해도 표절로 간주될 수 있다. 따라서 다른 사람의 견해를 자신의 독창적인 생각인 것처럼 제시하거나 특정한 저자만의 독창적인 아이디어와 성과물을 자신의 것처럼 도용하는 행위는 절대 금해야 할 것이다.

일반적인 사실에 관한 정보나 많은 전문가들이 공유하는 학설 등은 엄격한 인용표시의 대상에서 제외되긴 하지만, 인용자가 이런 공공의 아이디어를 인용표시 없이 서술하려면 그 아이디어를 스스로 충분히 이해하여 자신의 말로 표현할 수 있는 정도가 되어야 한다. 표절은 다른 사람의 지적 자산을 허가받지 않고 사용하는 것이므로 비윤리적인 행위임과 동시에 법적으로도 문제가 되며, 스스로를 기만하고 연구자로서의 자존감을 훼손하는 행위이다. 따라서 연구자는 표절을 등한시하거나 표절이 초래할 결과를 결코 가볍게 생각해서는 안 되며, 정확히 인용하고 풀어쓰는 방법이 무엇인지를 알고 자신의 말과 생각에 의지하여 글을 쓸 수 있어야 할 것이다.

4
주와 각주(Note and Footnote)

주(註)는 인용출처를 명기하는 것 외에 본문에 포함되기 어려운 부연 설명과 자료를 덧붙이는 데도 활용된다. 주는 읽는 사람이 해당 자료를 찾아서 인용내용을 확인할 수 있을 정도로 구체적이고 정확한 정보를 담고 있어야 한다. 주의 작성방식은 크게 각주(脚註)와 내주(內註)로 나뉜다. 내주는 다른 사람의 글을 인용할 때 본문에 삽입된 괄호 안에 인용문헌에 관한 간략한 정보만 제시하는 반면, 각주는 본문에 각주번호를 매기고 대응되는 페이지 하단에 인용문헌의 출처, 기타 관련문헌의 소개, 부연 설명 등을 제시한다. 내주와 각주에 제시된 인용문헌에 대한 정보는 참고문헌 목록에도 반드시 제시되어야 한다. 내주는 인용부분에서 살펴보았으므로 여기서는 각주에 대해 살펴보기로 한다. 각주에는 내용각주(content footnote)와 문헌각주(reference footnote)의 두 가지 형태가 있다. 주의 작성 방식은 다양하지만, 한 편의 논문 안에서는 동일한 작성 방식이 일관성 있게 적용되어야 한다.

1) 내용각주

내용각주는 특수용어나 전문용어에 대한 개념 정의 및 풀이, 본문내용에 표기하기 어려운 보충 설명 등을 필요로 할 경우에 사용하거나 저자와 소속기관의 변경사항이나 직위, 위치, 감사표시 등을 명기할 필요가 있을 경우에 사용한다. 내용각주를 너무 많이 사용하면 본문의 중요성이 오히려 위축될 수 있으므로 과용하지 않는 것이 좋다. 내용각주를 사용하기 전에 사용 이유 및 가치를 충분히 고려해 보고 사용하도록 한다.

● 내용각주 작성의 예

1) 초등학교 통일 교육의 지도방법과 평가에 관한 논의는 본 연구에서 다루지 않았다.
2) 통일교육의 목표는 과거의 북한과 통일하는 것이 아니기 때문에, 북한의 실상을 잘 파악할 교재를 활용하여 학생들의 관심을 유도할 필요가 있다. 특히 북한의 실상을 객관적으로 파악할 수 있는 교재에 대한 연구도 계속적으로 강화되어야 할 것이다. 그러려면 기존의 자료에 대한 대대적인 수집과 발굴이 중요하다.

2) 문헌각주

저서나 논문의 내용을 직접 인용한 경우에 한하며, 인용의 출처를 밝히기 위해 사용된다. 모든 인용저서는 참고문헌 목록을 통해 인용의 출처가 밝혀지므로 문헌각주는 특별한 경우를 제외하고는 가급적이면 최소한으로 줄이도록 한다. 문헌각주는 참고문헌의 표기방법과 원칙적으로 동일하며, 다른 점은 서양문헌의 경우에는 이름을 먼저 쓰고 성을 쓴 다음 콤마(,)를 찍고 문헌의 제목을 기재하고, 출판사항을 ( )로 묶어 제시하게 된다는 점이다.

● 참고문헌 작성의 예

김현. 『미셸 푸코의 문학비평』. 서울: 문학과지성사, 1990.

Robinson, Danial N. *Aristotle's Psychology*. N.Y.: Columbia Univ. Press, 1990.

● 문헌각주 작성의 예

1) 김현, 『미셸 푸코의 문학비평』(서울: 문학과지성사, 1990).

2) Danial N. Robinson, *Aristotle's Psychology* (N.Y.: Columbia Univ. Press, 1990).

각주를 작성하는 일반적 방법들을 자세히 제시하면 다음과 같다.

① 본문의 각주번호는 본문의 문자크기보다 작은 아라비아 숫자로 나타낸다. 때로는 아라비아숫자 대신 별표(*)나 단검표시(†) 등의 부호를 사용하기도 한다. 본문의 각주번호 다음에 마침표(.)는 찍지 않으며, 하단의 각주문에서는 각주번호 다음에 흔히 반괄호를 붙인다.

● 본문의 각주 번호 표기 예

태도란 기본적으로 인지적 형식이다.[5]
경험이란 수동적인 것이지만 동시에 능동적인 것이다.[*]
결정론적 시각에 입각하여 보는 태도는 잘못되어 있다는 것이다.[†]
그가 말하는 존재의 의식이란[3)] ... 을 의미한다.

② 본문의 각주번호는 인용된 문구의 끝이나 문장의 끝 또는 설명을 요하는 내용의 바로 다음에 붙이며, 줄표(—)를 제외한 모든 구두점과 부호 다음에 붙인다.

● 본문 각주번호의 위치

명경과 진사에 대한 과거(응시자)[3]로서의 ...
→ 괄호 다음에 각주번호를 붙인다.
"문자를 이용한다."[7]는 공통적인 ...
→ 인용부호 다음에 각주번호를 붙인다.
쓰기 학습을 지양해야 하며,[6] 고학년에서는 ...
→ 쉼표 다음에 각주번호를 붙인다.
평가전문가의 역할은 무엇인가?[8]
→ 물음표 다음에 각주번호를 붙인다.
알려진 것들[12] — 석탄을 사용한 제철 ...
→ 줄표(—) 앞에 각주번호를 붙인다.

③ 각주의 번호는 논문이 아주 방대하여 각주의 수가 엄청나게 많지 않으면 논문 전체를 통해서 일련 번호를 매기는 것이 일반적이다. 그러나 각 장(chapter)을 한 단위로 하여 일련번호를 붙이기도 하며, 이런 경우에는 장이 바뀌면 각주의 번호는 1번부터 새롭게 시작한다.

④ 각주문은 본문의 각주번호와 대응되는 쪽(page)의 하단 왼쪽에 면

폭의 $\frac{1}{4}$ 정도의 가로선을 긋고, 본문에서와 동일한 번호 또는 부호를 표시한 다음 각주문을 적는다.

---

2) N. A. Flanders, *Teacher Influence, Pupil Attitude and Achivement* (U.S. Office of Education Cooperative Research project, 1960), pp. 214-217.

⑤ 각주문에 표시되는 각주번호는 본문에 표시된 것과 동일한 번호와 표기방식으로 적어야 한다.

⑥ 각주문의 길이는 되도록 짧게 하여 일반적으로 100자를 넘지 않도록 한다.

⑦ 문헌각주를 작성할 때 동일한 저자의 동일한 문헌을 반복적으로 인용해야 할 경우에는 그 중간에 다른 인용된 문헌이 없다면 *Ibid.* 또는 위의 책 혹은 상게서라고 표기한다. 인용된 문헌이 책이 아니고 논문일 경우에는 위의 논문 혹은 상게논문이라고 표기한다. 최근에는 상게서나 상게논문보다는 위의 책 혹은 위의 논문이 주로 쓰인다. *Ibid.*는 라틴어 '*ibidem*' 의 약어로서 '같은 자리에서' 란 뜻을 지니며, 동일 문헌을 재인용할 때 면수가 변화하지 않은 경우에는 *Ibid.*만을 표시하고 면수가 변화한 경우는 면수를 표시해야 한다.

● 서양문헌의 경우

1) Wiolbur L. Cross, *The History of Henry Fielding* (New Heaven: Yale Univ. Press, 1918), p. 49.
2) *Ibid.* (상기의 동일한 저서의 동일한 면수를 나타내는 경우)
3) *Ibid.*, p. 78. (동일 저서의 다른 면수를 나타내는 경우)

● 한글문헌의 경우

1) 최창호, 『지방자치제도론』(서울: 삼영사, 1988), pp. 55-59.
2) 위의 책. (상기의 동일한 저서의 동일한 면수를 나타내는 경우)
3) 위의 책, p. 59. (동일 저서의 다른 면수를 나타내는 경우)

⑧ 중간에 다른 인용된 문헌이 있어서 *Ibid.*를 쓸 수 없는 경우에는 *op. cit.*를 사용한다. *op. cit.*는 라틴어 '*opere. citato*'의 약어로서 '인용된 작품에서'란 뜻을 지니며, 앞에서 다루어진 저술에 대해서 다시 언급하고자 할 경우 중간에 다른 주가 끼어 있어서 *Ibid.*를 쓸 수 없을 때 사용한다. 따라서 *op. cit.*는 *Ibid.*와 같이 단독으로 쓰이지는 못하며 저자명과 더불어 쪽수도 함께 표시된다. 한글문헌의 경우에는 앞의 책, 전게서 혹은 앞의 논문, 전게 논문 등으로 표기한다. 최근에는 전게서나 전게 논문보다는 앞의 책, 앞의 논문이 주로 쓰인다.

● 서양문헌의 경우

1) Thomas Kellaghan, *Assessment in Education,* p. 64.
2) *Ibid.*
3) Samuel N. Kramer, *History Begins at Summer,* p. 127.
4) *Ibid.*, pp. 94-114.
5) Thomas Kellaghan, *op. cit.*, pp. 96-120.

● 한글문헌의 경우

1) 장상호, 『학문과 교육』(서울: 서울대학교출판부, 1997), pp. 120-134.
2) 이돈희, 『교육 정의론』(서울: 고려원, 1992), pp. 34-58.
3) 장상호, 앞의 책, p. 229.

5

문장과 문체

논문은 연구 내용 및 결과를 전달하는 한 수단이고, 전달을 매개하는 매체는 언어이다. 따라서 논문 작성에서는 문장과 문체가 중요시될 수밖에 없다. 연구자가 논문을 작성할 때 문장과 문체와 관련해 유의해야 할 일반적인 사항들을 살펴보면 다음과 같다.

1) 논문 내용 기술에서의 일반적 주의사항

① 논문의 문장은 문학작품이 갖는 특성과는 달리 논리적이며 정확하며 간결해야 한다. 논문의 문장은 하나의 중심 사상을 담은 경제적이고 간결한 것이 좋으며, 형용사나 부사와 같은 수식어의 남용은 가능한 한 피한다. 본문의 내용은 논지 전개에 꼭 필요한 것들만 엄선해서 기술하고 그 외의 것들은 필요에 따라 주석, 인용, 부록 등을 이용하는 것이 좋다.

② 논문의 문장은 가능한 한 평이해야 한다. 현학적이고 난삽하여 무엇을 말하고 있는지가 분명하지 않다면 논문으로의 가치가 없게 된다. 복잡한 구문은 간단하고 단순하게 표현될 수 있도록 하고, 문장의 전후 관계를 따져 한 가지 사상이나 개념을 명확히 표현할 수 있도록 문절을 적절히 끊어 기술하도록 한다.

③ 논문의 문장은 객관적이어야 한다. 논문 작성에서는 과학적이고 합

리적인 표현이 요구된다. 지나친 감정의 노출이나 수사적인 표현은 바람직하지 않으며, 단정적인 표현이나 최상급의 평가적 진술은 피해야 한다. 연구자의 논리체재에서는 확정적인 진실이라 하더라도 개연성을 주장하는 정도에서 진술이 이루어져야 한다.

④ 문장 표현에 정확성을 기해야 한다. 논문은 학문적 연구 결과를 공표하는 글이므로, 설명이나 논증과 같은 진술 방식을 사용해야 한다. 묘사나 서사와 같은 창작적인 진술 방식을 사용한 함축적이고 내포적인 표현은 피해야 한다.

⑤ 문법이나 어법에 어긋남이 없이 정확하고 적절해야 하며, 자신의 주장과 사실의 전달은 명백히 구분되어 이루어져야 한다. 맞춤법, 한자의 표기, 용어 및 새로운 술어의 사용, 약자나 기호, 구두점, 구문, 인칭의 사용, 문법 등이 정확하고 원칙에 맞아야 한다. 또한 지나치게 겸손하거나 무례한 표현, 감동적인 어조, 장황한 설명, 독단적인 주장 등은 피해야 한다.

⑥ 적절한 강조점을 두어 독자들이 주요 내용을 쉽게 인식할 수 있도록 돕는다. 한 사상을 지나치게 압축하거나 축소하는 것은 오히려 이해도를 떨어뜨리고 흥미를 약화시킬 수 있으므로 피하도록 한다.

⑦ 논리적이면서도 적절한 표현 기교를 활용하여 독자의 흥미와 사고를 자극하도록 한다.

⑧ 논문 내용을 논리적으로 정확히 전달하기 위해서는 구어체보다는 문어체를 사용해야 한다. 다음은 구어체로 된 글의 예시이다.

그러나 이 점은 우리가 구성주의라는 용어를 단순히 절차주의로 파악해 버린다면 별다른 어려움이 없을 것 같아요. 사실 Rawls의 윤리학적 구성주의는 Kant의 그것과 매우 판이한 성격을 가지고 있기에 그렇게 해도 무리가 아니라고 생각해요. 그럼에도 불구하고 제가 Rawls의 정의관을 목적론적 절차주의라 하지 않고 굳이 목적론적 구성주의라 이름짓는 이유는, 이 용어 자체가 Rawls의 정의관의 모순을 함축해 준다고 생각하기 때문이죠.... (밑줄: 필자)

위의 글에서 밑줄 친 '... 같아요', '... 생각해요', '... 때문이죠' 등과 같은 어투는 구어체로서 논문에서는 지양해야 한다. 이들을 문어체로 표현하기 위해서는 '... 것 같아요'는 '... 것이다'로, '... 아니라고 생각해요'는 '... 아니라고 생각한다'로, '... 생각하기 때문이죠'는 '... 생각하기 때문이다'로 바꿔 써야 한다.

2) 시제

논문작성에 있어서 문장의 시제로는 주로 현재형과 과거형을 사용하고 미래형은 가설의 진술에서 사용한다.

① 과거형은 특정한 연구결과를 인용할 경우나 방법과 결과를 기술할 때 주로 사용된다.

● 특정한 다른 연구결과를 인용할 때

'이철희(1995)는 ...을 발견하였다.'

● 방법과 결과를 기술

'... 방법으로 표집하였다.' (방법)
'평균의 차는 6.8이었다.' (결과)

② 현재형은 정의를 내리는 경우나 어떤 이론에 대한 일반적인 진술을 할 경우 사용된다. 또한 연구의 목적 및 필요성이나 연구자의 의견을 진술할 경우에도 현재형을 사용한다.

- 정의를 내리는 경우

'본 논문에서는 자아개념을 ...이라고 정의한다.'

- 특정 이론의 일반적인 진술을 인용할 경우

'Piaget에 의하면 인간발달은 모든 면에 있어서 단일한 방향으로 이루어진다.'

- 연구자의 의견을 삽입할 때

'...는 ...이라고 해석할 수 있다.'

3) 인칭과 숫자

인칭은 원칙적으로 3인칭을 사용하며, 가급적 인칭을 쓰지 않기 위해 수동형을 쓰는 것이 좋다. 숫자를 표기할 경우에는 아라비아 숫자나 한자의 숫자로 쓸 것인가 아니면 우리말 수사로 쓸 것인가를 결정하여, 최소한 한 단락 속에서는 표현이나 표기의 통일이 이루어지도록 해야 한다.

① 인칭은 원칙적으로 3인칭을 사용한다. 가급적으로 인칭을 쓰지 않기 위하여 수동형을 쓰는 것이 좋다.

'연구자는 ...을 조사하였다' 라는 문장보다는 '...이 조사되었다.' 라는 문장으로 진술한다.

② 자신을 지칭할 경우에는 연구자, 필자, 저자 등의 3인칭 간접표현을 써서 자신을 객관화해야 한다. 그리고 겸손을 나타내기 위한 졸저, 졸고 등의 표현은 피하도록 한다.

③ 숫자의 사용에 있어서는 원칙적으로 아라비아 숫자를 사용하도록 하되, 10 이내의 숫자는 하나, 둘, 셋 ... 등의 표현을 사용한다. 단 10 이내의 숫자라도 다음과 같은 경우에는 아라비아 숫자를 사용해야 한다.

- '각 개인에게 배당된 점수는 1, 2, 3, 4, 5이다.' 에서와 같이 수를 연속적으로 나타낼 때
- 책의 면수와 날짜 및 고유명사로 된 번호의 표기
- 정수나 백분율의 경우
- 3cm, 3일, 3점, 2g 등에서와 같이 숫자 다음에 측정단위가 붙은 경우

④ 통계적인 수치를 나타내기 위한 것이라면 아라비아 숫자를 쓰고, 문자로 표현하건 숫자로 표기하건 표현이나 표기에 통일이 이루어져야 한다. 숙어나 관용어에 수사가 있다 하더라도 이를 아라비아 숫자로 표기하지는 않는다.

三寒四溫 또는 삼한사온이라고 표기하지, 3寒4溫 또는 三한四온이라고 표기하지는 않는다.

⑤ 하나의 숫자를 중간에 잘라 행을 바꾸거나, 숫자와 단위를 분리시켜 행을 가르는 일은 바람직하지 않다.

4) 외래어 및 인명

외래어나 인명과 같은 고유명사를 나타내는 말이 여러 가지로 사용될 경우에는, 하나로 통일해서 한 편의 논문 안에서는 일관성 있게 사용해야 한다. 외국의 고유명사나 고유형용사 등은 외래어표기법을 참조해 표기하도록 한다. 외래어를 표기할 때 유의해야 할 사항은 다음과 같다.

① 가급적이면 모든 술어는 역어를 사용하도록 한다. 그러나 역어에 대해 연구자 간의 통일성이 없거나 그 사용이 빈번치 않은 특수한 술어는 반드시 원어를 기입하도록 한다.

② 역어에 대해 원어를 표기하는 경우에는 (　) 속에 삽입한다. 이때 고유명사를 제외하고는 대문자를 사용하지 않는다.

> 실험주의(experimentalism)의 관점에서 보면 그런 접근은 타당한 것이 아니다.

③ 적절한 역어가 없거나 공통된 역어를 발견하기 어려울 때에는 원어의 음을 한글로 표기하고 (　) 속에 원어를 삽입한다. 이때 표기는 외래어 표기법을 따르도록 한다.

> 오리엔테이션(orientation)을 주 2회 실시하였다.
> 워크숍(workshop)을 주 2회 실시하였다.

④ 인명의 표기에 있어서 한국명과 중국명은 성명을 모두 기입하고, 기타의 인명은 성만을 표기하되 원어를 그대로 표기한다. 이때 일체의 존칭은 생략하며, 선생님, 박사님, 교수님 등의 존칭은 필요한 경우에 서문과 각주에서만 사용할 수 있다.

이순신(한국 성명), 林語堂(중국 성명),
Hobbs(미국성), 原醴(일본성)

⑤ 인명을 제외한 고유명사의 경우에는 한글로 그 발음을 표기하거나 역어로 표기하고, 원어를 ( ) 속에 삽입한다.

일리노이(Illinois) 대학
미국심리학회(American Psychological Association)

⑥ 역어를 사용하였을 때 원어를 ( ) 속에 삽입하는 것은 처음 한 번에 그치고 반복하지 않는다.

5) 약어와 기호

논문의 불필요한 길이를 축소하고 표현의 간결함을 위해서 약어와 기호를 사용한다. 약어와 기호의 표기는 다음과 같은 원칙에 따른다.

① 한국어의 약어는 가능한 한 사용하지 않는다. 단, 일반적으로 잘 알려진 기관의 명칭이나 또는 긴 명칭의 사용빈도가 많은 경우에는 약어를 규정하여 사용할 수 있다.

서울사대(서울대학교 사범대학), 지자제(지방자치제)
대교협(대학교육협의회)

② 일반적으로 잘 알려진 외국어의 약어는 그대로 사용한다.

IQ, EQ, YMCA, UN, UNESCO, NGO, CEO 등

③ 외국어로 된 약어만을 사용하여 그 뜻이 명확히 전달되기 어려울 경우에는 전어(全語)를 괄호 속에 삽입하고 삽입한 이후에는 약어만을 사용한다.

④ 한국어 단어를 외국어로 약어화 또는 기호화하여 사용할 수 있다. 단, 이 경우에는 비교적 그 사용 빈도가 높은 단어만을 약어화하도록 한다.

피험자(S), 실험자(E), 관찰자(O), 자아개념(SC)

⑤ 통계적인 기호, 양, 수, 거리를 표시하는 기호는 통상적인 기호 표기에 따른다.

$\overline{X}$(평균), SD(표준편차), f(빈도), N(사례수), %, ㎝, ㎏

6) 구두점 사용방법

구두점은 일반적으로 구두점 앞의 단어나 글자 부호와 같은 글씨체와 같은 크기로 쓴다. 구두점의 표기는 다음과 같은 원칙에 따른다.

① 콤마(,)의 사용법에 관해서는 통일된 원칙이 없고 필자가 자유롭게 사용할 수 있다. 흔히 다음과 같은 경우에 사용된다.

- 같은 계열의 말의 연결
- 짝을 지워 구별할 필요가 있을 때
- 바로 다음의 말을 꾸미지 않을 때
- 대등하거나 종속적인 절이 이어질 때
- 그리고, 또는 등과 같은 접속사 앞에
- 문맥상 끊어 읽어야 할 때

② 글의 끝남을 표시하는 마침표로는 '.'만을 사용하며, 하나의 문장이 끝날 때는 반드시 마침표를 찍어야 한다. 또한 영 · 미어의 약자 뒤에는 마침표를 붙이는 것이 원칙이며, 표제명에는 마침표를 붙이지 않는다.

③ 가운뎃점〔同位符, ·〕은 문장의 한 성분이 동등한 두 개 이상의 단위로 구성되었을 때나, 두 숫자로 된 말의 경우에 사용한다.

강 · 산 · 들 · 마을
5 · 16 군사정변
4 · 19 혁명

④ 콜론(:)은 서술한 말에 대해서 예를 들거나 또는 서술한 말에 대해서 보충적 설명을 하고자 할 때 사용하며, 세미콜론(;)은 쉼표가 사용된 문장의 요소들을 구분하기 위해 사용한다.

- 앞 문장을 부연 설명하는 경우 콜론을 사용한다.
  문방사우: 붓, 먹, 벼루, 종이
- 논문제목에 부제를 붙일 경우 콜론을 사용한다.
- 비율을 표시할 때 콜론을 사용한다.
  남자와 여자의 비율은 1:2이었다.
- 출판지역과 출판사 사이에 콜론을 사용한다.
- 여러 개의 참고문헌을 나열할 때 각 문헌을 구분하기 위해 세미콜론을 사용한다.
- 쉼표가 사용된 문장의 요소들을 구분하기 위해 세미콜론을 사용한다.
  국제 위원은 다음과 같다: 프랑스, 4; 독일, 5; 영국, 2.

⑤ 빗금(/)은 대응, 대립되거나 대등한 것을 함께 보이는 단어와 구, 절

사이에 쓴다.

착한사람/악한 사람

그의 세계관/진리관은 동서양의 모든 사상이 만나는 통합사상임을 알 수 있다.

⑥ 줄표(—)는 구문을 확장하여 강조나 설명을 덧붙이려고 할 경우에 사용한다. 또는 앞의 말을 정정 혹은 변명하는 말을 덧붙이고자 할 때 사용한다.

이탈리아 파시즘은 1920년대와 심지어 1930년대에도 — 자유주의 세력과 좌파를 제외하고는 — 다소 호평을 받았다.

아버님께 말했다가 — 아니, 말씀드렸다가 — 꾸중만 들었다.

⑦ 밑줄(underline)의 사용은 가능한 한 금하며, 주의를 환기시킬 필요가 있는 경우에는 그 부분을 굵은체(bold)로 인쇄한다.

6
참고문헌 작성법

참고문헌은 논문 집필을 위해 참고하거나 인용한 자료들을 일정한 형식에 맞게 제시한 목록으로서, 이는 독자들에게 논문 집필에 사용된 자료 및 아이디어의 출처를 밝혀 주고 연구논리와 지적 추론의 타당성과 정확성을 뒷받침하는 자료의 역할을 한다. 참고문헌을 나타내는 영어표현으로 흔히 사용되는 것은 'bibliography'와 'reference'가 있다. 굳이 이들을 구분하자면 bibliography는 논문을 쓸 때 인용되거나 참고된 문헌(literature)만을 나타내며, reference는 논문을 쓸 때 인용하거나 참고한 문헌 및 기타(면담, 강연, 음반, 영화필름, TV · 라디오 프로그램, 그림 등) 자료를 모두 포함한다. 이 두 용어를 구분하기에 적합한 용어가 우리말에는 없기 때문에 보통 '참고문헌'이라는 용어로 구분 없이 사용하고 있다.

참고문헌을 작성하는 방법은 학문분야, 학술단체, 출판사 등에 따라 여러 관행이 있다. 심지어 같은 분과학문이라 할지라도 학회와 학회지에 따라 다른 표기방식이 사용되기도 한다. 따라서 특정한 방식을 고집하거나 강제할 수는 없다. 중요한 것은 한 문헌이나 논문에서는 일관된 방식을 사용해야 하며, 연구결과를 게재하고자 하는 학술지나 학회의 규정을 따라야 한다는 것이다.

참고문헌의 범위는 논문에 실제로 인용된 문헌과 실제로 인용되지는 않았더라도 연구에 참고된 문헌까지 포함된다. 연구자가 직접 보거나 참고하지도 않은 문헌들을 함부로 참고문헌에 제시하는 것은 피해야 하며, 내주나 각주를 사용해 본문에서 언급한 문헌들은 반드시 참고문헌에 제시해야 한다.

참고문헌의 작성법은 다양하지만, 일반적으로 사용되고 있는 참고문헌 제시양식을 단행본과 정기간행물의 경우로 나누어 요소별 기재 요령을 정리해 보면 다음과 같다. 어떤 제시양식에서나 참고문헌을 기재할 때 각 요소들 사이에는 쉼표나 마침표를 찍는다.

● 단행본의 경우

- 저자명: 서양 인명은 성을 먼저 쓰고 이름은 이니셜만 쓸 수도 있다.
- 출판연도: 출판사명 뒤에 제시하거나, 저자명 다음에 괄호로 묶어서 제시할 수도 있다.
- 제목: 『 』 또는 《 》로 묶거나 밑줄 또는 활자를 진하게 하여 표기할 수 있고, 서양문헌인 경우에는 이탤릭체로 표기할 수도 있다.
- 출판사명: 출판지역과 출판사명을 기록하고 출판지역과 출판사명 사이에 ' : ' 을 넣는다.
- 페이지: 밝혀야 할 필요성이 있는 경우에만 기재하며, 한 페이지일 경우는 'p.', 두 페이지 이상일 경우에는 'pp.' 라고 표시하고 해당 페이지를 기재한다.

● 정기간행물의 경우

- 저자명: 서양 인명은 성을 먼저 쓰고 이름은 이니셜만 쓸 수도 있다.
- 출판연도: 잡지명 뒤에 제시하거나, 저자명 다음에 괄호로 묶어서 제시한다.
- 논문제목: 간행물명과의 구별을 위해 " ", 또는 「 」, 〈 〉 등으로 묶어서 제시한다.
- 논문이 실린 간행물의 이름: 『 』, 또는 《 》로 묶거나 밑줄 또는 활자

를 진하게 하여 표기하고, 서양문헌인 경우에는 이탤릭체로 표기할 수도 있다.

- 출판사명: 출판지역과 출판사명을 기록하고 출판지역과 출판사명 사이에 ' : ' 을 넣는다. 학술잡지인 경우는 출판사명을 생략할 수도 있다.
- 페이지: 밝혀야 할 필요성이 있는 경우에만 기재하며, 한 페이지일 경우는 'p.', 두 페이지 이상일 경우에는 'pp.' 라고 표시하고 해당 페이지를 기재한다.

다음에서는 가장 일반적으로 사용되고 있는 참고문헌 작성의 일반 원칙과 형식을 실례를 들어 제시하기로 한다. 서목(書目)의 분류와 배열 방식은 알파벳순, 연도순, 테마별 분류 등 그 방식이 다양하지만, 가장 보편적으로 사용되는 배열 방식은 연도순, 알파벳순의 병행 방식이며 이런 분류 방식에 정해진 원칙이 있는 것은 아니다. 단지 각 논문의 특성에 맞는 효과적인 배열 방식을 일관성 있게 택하면 되지만, 해당 학문분야의 관례에 벗어남이 없도록 하는 것이 중요하다.

(1) 동양서와 서양서를 구분하되, 한글문헌, 동양문헌, 서양문헌의 순으로 제시한다.

김광수. 『논리와 비판적 사고』. 서울: 철학과현실사, 1989.
三枝武夫. 『環境保全の淨化と化學』. 東京: 東京大出版會, 1981.
Henry, L. *Dynamic Earth*. MaGraw Hill Books Co., 1973.

(2) 한글문헌은 가나다순, 서양문헌은 알파벳순으로 제시한다.

(3) 동일한 저자의 책이 여러 권 있는 경우에는 연대순으로 제시하되,

처음에만 저자명을 기술하고 두 번째 저서부터는 저자명을 반복해 기재하지 않고 저자명을 기재해야 할 부분에 '______'로 대신한다.

정범모. 『교육과정』. 서울: 교육출판사, 1960.

______. 『교육과 교육학』. 서울: 배영사, 1971.

Loewenstein, K. *British Cabinet Government*. London: Oxford University Press, 1967.

______. *Political Power and the Governmental Process*. 2nd ed. London: Stevens and Sons, 1968.

(4) 참고문헌목록은 저자명, 도서명, 출판사항으로 나누어지는데 이들 각 요소들 사이에는 마침표나 쉼표를 쓴다. 단행본의 부제를 표시하는 경우와 출판지역과 출판사를 구분하는 경우에는 ' : '으로 구분한다. 두 줄 이상으로 이어질 때는 첫 번째 줄의 첫 번째 단어를 기점으로 해서 세 칸을 들여 쓴다.

방정복. 『대화와 인간관계: 청소년의 인간성 계발을 중심으로』. 서울: 아세아문화사, 1980.

Lovell, K. *The Growth of Basic Mathematical and Scientific Concepts in Children*. London: University of London Press, 1966.

(5) 서양문헌은 저자명을 기록할 때 성(last name), 이름(first name)순으로 기록하며, 성(姓) 다음에 콤마(,)를 찍는다.

Illich, I. *Deschooling Society*. New York: Harper & Row, 1971.

(6) 저자명이 둘 이상일 때 한글문헌은 저자명 사이에 가운뎃점(·)을

찍는 것이 원칙이며, 콤마(,)를 사용하기도 한다. 서양문헌의 경우는 콤마(,)를 찍고 맨 마지막 저자명 앞에서만 'and' 를 붙인다.

김열규 · 신동욱.『고려시대의 가요문학』. 서울: 새문사, 1986.
또는,
김시준, 박운석.『중국현대문학작품선』. 서울: 지식산업사, 1989.
Cawson, A., Peter Holmses, and Anne Stevens. The Interaction Between Firms and the State in France: The Telecommunications and Consumer Electronics Sectors. In Wright and Wilks (Eds.), *Comparative Government-industry Relation*. Oxford: Basil Blackwell, 1986.

(7) 저자명이 둘 혹은 셋일 때 서양문헌은 맨 처음의 저자명만을 성, 이름순으로 적고 나머지 저자명은 참고서적에 기재된 형식대로 기재하되, 구별을 위해 저자들 사이에 쉼표나 접속사를 넣도록 한다.

Doerksen, H. R., and J. C. Pierce. *Citizen Influence in Water Policy Decision*. Ann Arbor Science, 1976.
Einhorn, H. J., and Hogarth, R. M. "Quality of Group Judgement". *Psychological Bulletin,* 1987, 84(1), pp. 158-172.

(8) 저자가 4명 이상일 경우 모든 저자명을 기입하는 것이 원칙이지만, 맨 처음의 저자명만을 기록하기도 한다. 이때는 한글문헌의 경우 맨 처음의 저자명 다음에 '외 O인' 또는 'OOO 외' 라고 쓰며, 서양문헌의 경우 맨 처음의 저자명 다음에 콤마(,)를 찍은 다음 'et al.' 혹은 'and others' 라고 쓴다.

이동인 외 3인.『새 사회학 통론』. 서울: 형설출판사, 1985.
Robertson, David, et al. *Eco-Logic: Logic-Based Approaches to*

Ecological Modelling. Cambridge, Mass.: MIT Press, 1991.
Michael, B. K., and others. *Contamination of Ground Water: Prevention, Assessment, Restoration*. Park Ridge: Noyes Data Co., 1990.

(9) 편집자명만 있을 경우 한글문헌의 경우 저자명 다음에 '(편)' 이라고 쓰며, 서양문헌의 경우 저자명 다음에 '(Ed.)' 라고 쓴다. 편집자명이 여러 명일 때는 '(Eds.)' 라고 쓴다.

박은구 · 이연규(편). 『14세기 유럽사』. 서울: 탐구당, 1985.
Feather, N. (Ed.). *Expectation and Actions*. Hillsdale, NJ: Erlbaum, 1982.

(10) 원저자명과 번역자명을 모두 기입할 경우 원저자의 이름, 도서명을 차례로 적은 다음, 도서명 다음에 역자명을 쓰고 '(역)' 이라고 쓴다. 요즘에는 원저의 서명과 번역서명을 함께 기재하기도 한다. 서양문헌의 경우 도서명 다음에 'Trans.' 를 쓰고 역자명을 기재한다. 이때 'Trans.' 는 반드시 대문자로 시작하며, 'Trans.' 와 역자명 사이에 콤마(,)를 찍지 않는다.

버터필드, 허버트. 『근대과학의 기원』. 차하순(역). 서울: 탐구당, 1986.
Ferry, Luc, and Alain Renaut. *French Philosophy of the Sixties: An Essay on Antihumanism*. Trans. Mary H. S. Cattani. Amherst: Univ. of Massachusetts Press, 1990.

(11) 판수 표시를 할 경우에는 도서명 다음에 마침표(.)를 찍고, 한글문헌의 경우 '제○판', '제○개정판', '개정증보판', '제○개정증보판', '제○전정판' 등이라고 쓰며, 서양문헌의 경우는 제목 다음에 마침표(.)를

찍은 다음 'Rev. ed.' 혹은 '2nd ed.', '3rd ed.' 등으로 쓴다. 이때 'Rev. ed.'를 쓸 때에는 반드시 대문자로 시작해야 한다.

박동서. 『한국행정론』. 제3개정판. 서울: 법문사, 1990.

Gallion, Authur B., and Simon Eisner. *The Urban Pattern*. 3rd ed. New York: D. Van Nostrand, 1975.

Myron, E. W. *Human Services Management: Analysis and Applications*. Rev. ed. Belmont: Wadsworth Pub., 1990.

(12) 출판지역, 출판사, 출판연도를 기록할 때는 출판지역, 출판사, 출판연도 순으로 나타내거나, 출판연도를 저자명 다음에 쓰고 이를 괄호로 묶는다. 어떤 방법으로 기재하든지 한 가지 방식을 일관성 있게 적용해야 한다.

김홍기. 『행정국가와 시민참여』. 서울: 일조각, 1983.

Aron, Henry J. *Who Pays the Property Tax?: A New View*. The Brookings Institution, 1975.

김홍기(1983). 『행정국가와 시민참여』. 서울: 일조각.

Aron, Henry J. (1975). *Who Pays the Property Tax?: A New View*. The Brookings Institution.

(13) 서양문헌의 참고문헌 작성 시 주요어를 모두 대문자로 시작한다. 경우에 따라서는 첫 번째 단어만 대문자로 시작하기도 한다. 어떤 방식을 사용하든지 한 가지 방식을 일관성 있게 적용해야 한다.

Parsons, T. "The School Class as a Social System". *Harvard Education Review*, 1997, 29, pp. 277-318.

또는,

Parsons, T. (1997). "The school class as a social system". *Harvard education review*, 29, pp. 297-318.

(14) 참고문헌이 서명이 다른 총서 중 일부일 경우에는 참고문헌명을 기재한 후 총서명을 기재하도록 한다.

장충식. 『한국의 탑』. 한국문화예술대계, 제8권. 서울: 일지사, 1987.
Long, J. Scott. *Covariance Structure Models: An Introduction to LISREL.* Quantitative Applications in the Social Sciences, Series Number 07-034. Beverly Hills: Sage Publication, 1983.

(15) 여러 사람이 쓴 글로 편집된 단행본에서 한 저자가 집필한 부분을 인용했을 경우에는 인용한 문헌 부분의 저자와 문헌명을 기재한 후 단행본명을 기재하도록 한다.

송인섭. "자아개념의 이론과 과제". 『현대 교육심리학의 쟁점과 전망』. 황정규(편). 서울: 교육과학사, 2000.
McLaughlin, M. (1994). "Strategic Sites for Teachers' Professional Development". In P. Grimmett and Jonathan Neufeld (Eds.), *Teacher Development and the Struggle for Authenticity: Professional Growth and Restructuring in the Context of Change.* (pp. 31−51). New York: Teachers College Press.

(16) 부제가 붙은 경우 부제명은 제목 다음에 콜론(:)을 쓴 후 기재하도록 한다. 부제명은 생략가능하다.

김진균 · 조희연. 『한국사회론: 현대 한국사회의 구조와 역사적 변동』. 서울: 한울, 1990.
Andreassi, J. *Psychophysiology: Human Behavior and Psychological Response.* Hillsdale NJ: Erlbaum, 1995.

(17) 참고문헌에 대한 출판사항 정보 중 확인할 수 없는 사항이 있는

경우에는 확인된 정보를 중심으로 저자명, 저서명, 출판사, 출판연도 등 적용해 왔던 방식을 일관성 있게 적용한다.

이규호. 『사람됨의 뜻』.
『춘향전』, 서울: 정음사, 1957.
Briscoe, John. *Laureate of the Wild*. No Place, No Date.

(18) 학위논문을 기재할 경우에는 저자명, 학위연도, 학위논문제목, 학위명, 학위수여기관 등을 기재하되, 학위명은 '석사학위 논문' 또는 '박사학위 논문' 과 같은 형식으로 명시하도록 한다. 서양문헌일 경우에는 석사학위 논문은 'Master's thesis', 박사학위 논문은 'Ph. D. dissertation(또는 Ph. D. diss.)' 로 기재한다. 논문명에는 따옴표(" ")를 사용하여 단행본과 구별짓도록 한다.

이재희. "한국의 독점자본 형성에 관한 연구". 서울대 대학원 박사학위 논문, 1990.
Silvia, S. "Effects of Sampling Error and Model Mis-specification on Goodness of Fit Indices for Structural Equation Models". Ph. D. Dissertation, Ohio State University, Columbus, Ohio, 1988.
또는
이재희 (1990). "한국의 독점자본 형성에 관한 연구". 서울대 대학원 박사학위 논문.
Silvia, S. (1988). "Effects of Sampling Error and Model Mis-specification on Goodness of Fit Indices for Structural Equation Models". Ph. D. Dissertation, Ohio State University, Columbus, Ohio.

(19) 학술지와 같은 정기간행물에 게재된 연구논문들 중 일부를 언급하는 경우에는 논문제목을 잡지명과 구별하기 위해 따옴표(" ")로 묶어 제시하고, 출판연도는 잡지명 다음에 기입하거나 저자명 다음 괄호 안에

기입하도록 한다. 권과 호수가 동시에 있는 경우에는 호수를 괄호 속에 기재하도록 하고, 페이지를 명시하도록 한다.

김신일. "교육자치의 당위성과 현실". 『교육학 연구』, 1991, 29, pp. 11-18.
정종식. "학습곤란의 진단과 교육". 『새교육』, 1987, 11월호, 서울: 대한교육연합회.
Brown, F. G. "The Unpredictability of Predictability". *Journal of Educational Measurement,* 1966, 3, pp. 297-301.

또는,

김신일 (1991). "교육자치의 당위성과 현실". 『교육학 연구』, 29, pp. 11-18.
정종식 (1987). "학습곤란의 진단과 교육". 『새교육』, 11월호, 서울: 대한교육연합회.
Brown, F. G. (1966). "The Unpredictability of Predictability". *Journal of Educational Measurement,* 3, pp. 297-301.

(20) 신문기사를 참조해 참고문헌에 기재할 경우는 게재면과 출판연월일을 명기하는 것을 제외하고는 정기간행물의 경우와 동일하다. 신문기사의 저자가 명기되어 있지 않은 경우에는 이를 생략할 수 있다.

박 근. "클린턴의 신아시아정책". 『동아일보』, 제5면, 1993. 7. 17.
Nash, J. Madeleine. "The Most Wanted Particle". *Time*, January 11, 1993, p. 43.
"한 · 러경협: 정책결과 타당성 논란". 『동아일보』, 제1면, 1993. 8. 5.

또는,

박근(1993. 7. 17). "클린턴의 신아시아정책". 『동아일보』, 제5면.
Nash, J. Madeleine (1993, January 11). "The Most Wanted Particle". *Time*, p. 43.
"한 · 러경협: 정책결과 타당성 논란". (1973. 8. 5). 『동아일보』, 제1면.

(21) 단체나 기관이 저자인 경우에는 단체명이나 기관명이 저자명이 되

며, 그 외의 표기방법은 단행본이나 정기간행물의 표기방법에 준한다.

한국종교학회.『한국 신종교 실태조사 보고서』. 서울: 한국종교학회, 1985.
한국대학교육협의회(편). "북한의 고등교육 체제: 외국의 전문 교육 제도".『전문대학교육』, 1991, 8(4), pp. 28-31.
또는,
한국종교학회(1985).『한국 신종교 실태조사 보고서』. 서울: 한국종교학회.
한국대학교육협의회(편) (1991). "북한의 고등교육 체제: 외국의 전문 교육 제도".『전문대학교육』, 8(4), pp. 28-31.

(22) 학술대회나 심포지엄 등의 회의에서 발표된 논문의 경우는 발표 논문의 제목을 따옴표(" ")로 묶어 주고, 회의명, 개최일자, 개최지를 포함해 기재한다.

정혜욱, 문성빈. "HyTime을 이용한 하이퍼미디어 문헌 검색시스템 연구". 제4회 한국정보관리학회 학술대회, 1987년 8월 28-29일. 서울: 중앙대학교.
Royce, John. "Finches of Du Page County". Paper presented at 22nd Annual Conference on Practical Bird Watching, 24-26 May, at Midland University, Flat Prairie, Illinois, 1988.

(23) 번역서의 경우에는 번역자 다음에 '(역)'을 기재하고, 서양문헌일 경우에는 '(Trans.)'를 기재한다. 원저의 저자와 저서명을 표기하고자 할 경우에는 번역서명 다음에 저자와 저서명을 괄호로 묶어 제시한다. 경우에 따라서는 원저의 저자와 저서명을 먼저 기재한 후 번역자와 번역서명을 기재하기도 한다.

이환(역).『운동학습』. 서울: 교학사, 1965.
Anderson, J. W. (Trans.). *Multivariate Analysis*. New York: John Wiley

& Sons Co., 1958.

장영덕(역). 『사고방식』(Brown, G. F. *How We Think*). 서울: 교육출판사, 1965.

Sarup, Madan. *Marxism and Education*. 이혜영 외(역). 『마르크스주의와 교육이론』. 서울: 한길사, 1987.

또는,

이환(역) (1965). 『운동학습』. 서울: 교학사.

Anderson, J. W. (Trans.) (1958). *Multivariate Analysis*. New York: John Wiley & Sons Co.

장영덕(역) (1965). 『사고방식』(Brown, G. F. *How We Think*). 서울: 교육출판사.

Sarup, Madan (1987). *Marxism and Education*. 이혜영 외(역). 『마르크스주의와 교육이론』. 서울: 한길사.

(24) 참고한 자료가 제2차적인 자료일 때는 이를 명시해야 한다.

학부편집국. 『국민소독본』(강길수. 『교육행정』. 서울: 풍국학원, 1957. 16 페이지에서 인용).

John, D. "How we think". Cited by Whitney, F. L. *The Elements of Research*. N.Y.: Prentice-Hall, Inc., 1950. p. 110.

(25) 전자문헌을 인용할 때는 저자명, 제목, 날짜, 출판장소의 순서로 기입한다. 제목은 국내문헌일 경우는 따옴표(" ")나 겹낫표(『 』)로 묶어주고, 영어문헌일 경우에는 이탤릭체나 밑줄을 긋는다. 전자문헌은 수시로 새로운 내용이 업데이트 될 수 있고 발행일자가 표시되어 있지 않은 경우도 있으며, 해당 자료가 사이트 폐쇄 등 여러 이유로 영구히 보존되지 못하고 웹상에 존재하지 않게 되는 경우도 있으므로 연구자가 인터넷

에 접속하여 전자문헌을 검색한 날짜를 명기해야 한다. 전자문헌은 인터넷 웹상에 올려져 있는 것이기 때문에 전자문헌의 출판 정보를 밝혀 주는 URL(Uniform Resource Locator)을 명확히 밝혀야 한다. 사이트 주소를 기재할 때는 검색일자와 함께 〈 〉로 묶어 주고 마지막에는 반드시 마침표를 찍도록 한다. 전자문헌의 출처에 대한 기재는 전통적 문헌의 출처 기재방식을 그대로 따르면서 출판사항에 대한 정보를 전자문헌의 특성에 맞게 명기하면 된다.

> 홍길동, "홍길동 홈페이지", 2007. 6. 8.
> < http://members.iworld.net/kol2244, 2007. 8. 8.>
> 김흠, 『조선 양반계층의 혼인문화』, 『한국학』, 2005/8호.
> < http://koreanculture.or.kr/book/hook.hwp, 2006. 12. 11.>
> "정부조직의 개편방향", 전자한신일보, 2007.7.29.
> < http://www.hansindaily.co.kr/index.htm, 2007. 10. 15.>

7 표와 그림

표와 그림은 문자에 의한 표현이 아닌 다른 수단으로 정보를 표현하고자 할 경우 사용한다. 글로 나타내자면 장황한 표현이 불가피한 경우이거나 복잡해서 글로는 설명하기 곤란한 경우에 이를 일목요연하게 요약하거나 알기 쉽게 표현하기 위해 사용하는 것이 표와 그림이다.

1) 표 그리는 방법

표는 일반적으로 정방형에 가까운 것이 보기 좋다고 하지만 표의 모양은 그것이 담고 있는 내용항목에 따라 달라진다. 따라서 표를 그릴 때는 내용항목의 배열방법에 대한 고려가 필요하다. 폭이 넓은 표는 세로로 처리해도 무방하다. 표의 폭은 지문의 폭을 벗어나지 않도록 하며, 한 페이지에 수용될 수 있도록 한다. 부득이 한 페이지를 벗어날 경우에는 다음 장에 계속되는 표의 왼쪽 위에 표 번호와 함께 표가 계속된다는 사실을 명기하도록 한다. 지문에서 표를 가리킬 때는 '다음 표에서'와 같이 표현하기보다는 표에 번호를 곁들어 '〈표 1〉에서'와 같이 표현하는 것이 좋다. 표의 줄긋기는 원칙적으로 가로줄만 사용하지만, 경우에 따라 이해를 돕기 위해 세로줄을 사용할 수도 있다.

2) 그림 그리는 방법

그림의 크기는 본문의 크기에 맞추어야 한다. 그림을 줄이는 경우에는 원그림의 가로와 세로를 같은 비율로 줄여야 하며, 같은 종류의 그림일 경우에는 그림의 크기가 동일해야 이해하는 데 도움이 된다. 표와 그림을 제시하는 방법에 관한 일반 원칙을 몇 가지 제시하면 다음과 같다.

① 표와 그림의 번호는 논문전체를 통해 일관성 있게 제시되어야 한다. 아라비아 숫자나 로마 숫자로 번호를 붙이고, 〈 〉나 [ ] 기호 중 어느 것을 사용하여도 무방하다.

〈표 1〉, 〈표 2〉 ... 또는 〈표-1〉, 〈표-2〉
〈표 I〉, 〈표 II〉 ... 또는 〈표-I〉, 〈표-II〉
[그림 1], [그림 2] ... 또는 [그림-1], [그림-2]
[그림 I], [그림 II] ... 또는 [그림-I], [그림-II]

② 표나 그림의 수가 많지 않을 경우에는 아라비아 숫자나 로마 숫자로 일련번호를 부여해 표기하고, 표나 그림의 수가 다소 많을 경우에는 장 또는 절별로 구별하여 표시한다.

- 표나 그림이 많지 않을 경우
  〈표 1〉, 〈표 1〉, 〈그림 1 〉, 〈그림 2〉
- 표나 그림이 많을 경우
  〈표 I–1〉, 〈표 I–2〉, 〈그림 II–1〉, 〈그림 II–2〉

③ 표와 그림의 제목은 내용을 쉽게 알 수 있도록 한 문장으로 간결하게 표현한다. 표와 그림의 제목은 번호 다음에 한 칸 이상 비우고 기재하도록 하며, 제목과 표와 그림 사이는 한 줄 띄우는 것을 원칙으로 한다. 일반적으로 표의 제목은 표 위에 기재하며, 그림의 제목은 그림의 아래 가운데 부분에 위치하도록 한다.

④ 다른 연구자의 연구물에서 표나 그림을 인용하고자 할 경우, 그 연구자로부터 허락을 받는 것이 원칙이며, 표나 그림의 하단에 출처를 밝힌다. 표나 그림의 출처는 표나 그림의 밑에 〈출처〉라고 적고 자료의 출처를 참고문헌 기재양식으로 명기하도록 한다.

8

내용목차에 번호 매기는 방법

내용목차는 논문의 내용과 구성이 얼마나 논리적인가를 나타낸다. 세부목차는 연구논문마다 다를 수 있지만, 연구의 과정을 안내하는 전체적인 목차는 연구의 일반적인 과정절차에 따라 정해진다.

논문의 내용목차에 대해 번호를 매기는 방법은 여러 가지가 있으며, 어떤 방법을 선택해서 사용하든지 전체적인 구성이 등위 · 종속에 따라 조화와 균형 그리고 통일성을 유지해야 한다. 숫자와 문자로 표시된 기호에는 반드시 마침표(.)를 찍어야 한다.

내용목차 **예시 1**

Ⅰ. …… (장 또는 주제의 기호, 로마숫자로 표기)
  A. …… (절 또는 소제목의 기호, 알파벳으로 표기)
    1. …… (항에 해당되며, 아라비아숫자로 표기)
      a. …… (목에 해당되며, 알파벳 인쇄체 소문자로 표기)
        1) ……
          a) ……
            i) ……
            ii) ……
          b) ……
            i) ……
            ii) ……

내용목차 **예시 2**

Ⅰ. …… (장 또는 주제의 기호, 로마숫자로 표시)
  1. …… (절 또는 소제목의 기호, 아라비아 숫자로 표시)
    1) …… (항에 해당하며, 반괄호친 아라비아 숫자로 표시)
      (1) …… (목에 해당하며, 괄호친 아라비아 숫자로 표시)
  2. ……
Ⅱ. ……
  1. ……
    1) ……
      (1) ……
  2. ……
    1) ……
      (1) ……
      (2) ……

내용목차 **예시 3**

1. ……
  가. ……
    (1) ……
      (가) ……
        ① ……
        ② ……
      (나) ……
    (2) ……
  나. ……

2. ……

내용목차 예시 4

Ⅰ. ……

  1. ……

    1.1 ……

    1.2 ……

  2. ……

    2.1 ……

    2.2 ……

Ⅱ. ……

  1. ……

    1.1 ……

    1.2 ……

  2. ……

    2.1 ……

    2.2 ……

9

학위논문의 제출

대학(원)에서 학위를 취득하기 위한 요건 중에서 가장 중요한 것이 학위청구 논문이다. 학위논문을 작성하고 제출하기 위해 거쳐야 하고 점검해야 하는 사항들은 대학(원)마다 약간씩 다르지만 그 일반 사항들을 열거해 보면 다음과 같다.

(1) 논문지도교수의 선정

자신의 관심영역의 전문가로부터 논문지도를 받을 수 있어야 할 것이다.

(2) 학위논문 제출자격

학위논문 제출 자격에 대한 대학(원)의 규정이 있으므로 규정된 자격을 갖추어야 한다.

(3) 학위청구논문 제출기간

학위청구논문을 제출할 수 있는 시기가 정해져 있으며 정해진 시간 내에 제출해야 한다. 과정을 수료하고 학위청구논문을 작성하지 못했을 경우에는 몇 년 이내에 학위청구논문을 제출해야 한다는 대학(원)의 규정이 있으므로 이를 확인해 기간 내에 제출해야 한다.

(4) 학위청구본문 제출 승인

학위청구논문을 작성하였으면 대학(원)이 제시하는 절차에 따라 제출

승인을 받아야 한다.

(5) 논문심사절차

심사용 논문을 작성해 제출해야 하며 대학(원)이 정한 논문심사절차를 따라야 한다.

(6) 논문 인쇄본 작성

대학(원)이 제시하는 제본 규격에 따라 제본하여 인쇄본을 작성해야 한다.

(7) 보존용 논문 제출

규격대로 제본해 인쇄한 논문을 보존용 논문으로 제출해야 하며 원문 파일도 제출해야 한다.

각 사항과 관련된 세부사항은 소속 대학의 학위논문 작성지침을 참고하기 바란다.

참고문헌

고려대학교출판부(편). 『새로운 논문작성법』. 고려대학교출판부, 2001.

김태환. 『인용법』. 서울대학교 교수학습센터 글쓰기교실, 2005.

남궁용남(편저). 『논문작성법』. 서울: 수서원, 1992.

문수백. 『연구방법의 실제』. 서울: 학지사, 2003.

박온자 · 최성용 · 박종서. 『논문작성의 이론과 실제』. 서울: 수서원, 1992.

새론기획 대학신서 편집회의(편). 『A학점 리포트 작성법』. 서울: 새론기획 출판부, 1980.

신기철 · 신용철. 『우리말 큰사전』. 서울: 삼성출판사, 1987.

연세대학교 연구처(편). 『새논문작성법』. 연세대학교출판부, 1998.

이숭녕. 『논문작성과 연구태도』. 서울: 박영사, 1980.

이화여자대학교 출판부(편). 『연구방법과 논문작성법』. 이화여자대학교출판부, 1999.

정병욱 · 정한모. 『논문작성법』. 서울: 박영사, 1981.

American Psychological Association. *Publication Manual*. Rev. ed. 1980.

Cone, J. D., & Foster S. L. *Dissertation and Theses*. Washington DC: American Psychological Association. 1993.

Drew, C. J., & Hardman M. L. *Designing and Conducting Behavioral Research*. N.Y.: Pergamon Press. 1985.

Gay L. R. *Educational Research*. 5th ed. NJ: Prentice-Hall. 1996.

Kerlinger, F. N. *Foundations of Behavioral Research*. N.Y.: Holt Rinehart and Winston. 1988.

McBurney, D. H. *Research Methods*. 4th ed. CA: Brooks/Cole Publishing Company. 1998.

Morse, Grant W. *Complete Guide to Organizing and Documenting Research Papers*. N.Y.: Fleet Academic Edition, Inc., 1974.

부 록

≪ 논문예시 1 ≫ 고등학교 계열화의 사회배치 기능에 관한 종단적 연구 : 계열배치 결정과 졸업 후 진로결정을 중심으로

Ⅰ. 서 론

1. 문제의 제기

이 연구에서는 고등학교 단계에서 이루어지고 있는 계열화가 학생들의 사회배치기능에 어떠한 영향을 미치는지를 다루고자 한다. 고등학교 단계의 인문계·실업계의 구분이 고등학생들의 졸업 후의 진로(진학과 취업)에 어떠한 영향을 미치는가에 대한 분석이 이 연구의 주요 관심사라고 할 수 있다. … 계열간의 이동이 제한되어 있기 때문에 한 번 계열규정이 이루어지면 이 계열화는 개인의 장래의 직업지위 결정에까지 심각한 영향을 미친다고 볼 수 있다(Rosenbaum, 1976).... 몇 편의 국내 연구(조수연, 1982; 노상애, 1983; 이세용, 1985)에서 ... 이에 본 연구에서는 계열배치의 결정에서 졸업 후 진로결정까지의 종단적인 과정을 분석하여 제도적 선발기제로서의 고등학교 교육의 분화체계가 갖는 사회적 배치기능을 밝히고자 한다. 이를 위해 우리나라에서 진행되어온 계열화의 역사적 전개과정에 대한 고찰과 현재의 제도와 문제점을 살펴본 뒤 수집된 자료들을 통해 경험적인 분석을 하고자 한다. 여기에서는 고등학교 각 계열별 졸업 후 진로유형을 비교하여 계열별로 어떠한 경로로 학생들을 배치하게 되는지를 알아보기로 한다.

2. 연구문제

본 연구는 고등학교 단계에서 일어나는 계열화가 현재의 사회구조와 어떠한 관계가 있는가라는 문제를 검증해보는 데 근본적인 목적이 있다.... 연구문제를 구체화하면 다음과 같다.

연구문제 1: 고등학교 계열배치에 영향을 미치는 사회·경제적 배경요인과 능력요인의 상대적 비중은 어떻게 다른가?

1) 학생들의 사회 · 경제적 배경이 계열간에 차이가 있는가?
2) 학생들의 중학교 3학년 말 학급석차(이하 중3 학급석차로 줄임) 및 지능검사점수(IQ)는 계열간에 차이가 있는가?
3) 계열배치의 결정에 가장 중요한 영향력을 발휘하는 변인은 무엇인가?

연구문제 2 : 고등학교의 계열에 따라서 졸업 후의 진로결정이 어떻게 다른가?
1) 각 계열별 졸업생의 진로유형은 어떻게 차이가 나는가?
2) 대학교육 기회 획득에 영향을 미치는 변인들의 상대적 효과는 어떠한가 ?

II. 이론적 논의

1. 용어의 정의

계열화는 여러 나라의 다양한 학교교육제도 속에서 그 의미하는 내용에 있어서 다소 차이가 있다.... Oakes(1785)가 "계열화란 어떤 기준을 통해서 학생들이 나뉘는 과정이다"라고 정의 ... 이하 이 논문에서 언급하는 계열화는 우리나라의 고등학교 단계에서 이루어지는 선발의 한 형태인 인문계 · 실업계 고등학교로 구분하는 집단화를 지칭하는 것으로 의미를 국한시킨다. 따라서 고등학교 안에서의 우열반 편성이나 능력별 반편성과 같은 계열화 현상은 본 분석의 대상에서는 제외된다.

2. 계열화에 대한 대립되는 관점

오늘날의 학교교육이 안고 있는 문제점은 여러 방면에서 지적되고 있다. 예컨대 학교교육의 사회평등화 역할에 대한 기대와 아울러 사회적 선발에 대한 필요가 상충하게 되어 이 두 가지의 갈등적인 기능이 어떻게 조화롭게 유지될 수 있는가라는 문제가 그 하나가 될 수 있다. …기능이론은 능력주의 혹은 경쟁적 이동의 이념에 바탕을 둔 것으로, 고등학교 계열화는 효과적으로 학생들을 선발하여 산업사회에서 필요로 하는 지식과 기술을 효과적으로 전수하는 기능을 한다고 본다.... 반면에 학교교육이 지배구조와 역동적인 관계에 있으며, 따라서 이 학교교육을 현존하는 질서체계의 유지에 봉사함으로써 기존의 사회불평등 구조를 강화시키고 재생산하는 기능을 수행하는 기제로 보는 갈등이론적 관점에서는 계열화를 기능주의적 해석과는 다르게 파악한다.

3. 선행연구 고찰

계열화에 관한 연구는 제도교육 자체의 구조적 특징으로 인하여 학생들의 교육기회와 성취결과가 제한되는 현상에 대한 관심으로부터 출발되었다.... 기존의 계열화에 관한 연구들에서 제기되는 기본적인 질문은 대체로 다음 세 가지로 요약될 수 있다.... 계열별 선발의 준거가 개인의 능력에 기초한 것인가, 아니면 가정 배경요인에 의한 것인가에 대한 질문을 많은 사람들이 제기하였다.... 둘째, 계열화의 과정이 어떻게 다른가, 다시 말하면 사회화나 기대수준 및 학업성적의 변화가 두 계열간에 어떻게 차이가 나는가를 밝히는 문제다.... 셋째는 고등학교 계열화체제가 졸업 후의 결과들과 어떠한 관계를 맺는가의 결과변인에 관한 관심이다.... 다음 장에서는 우리 나라에서 어떠한 과정으로 오늘날과 같은 형태의 고등학교 계열구분이 이루어지게 되었나를 살펴보고, 그 현황과 문제점도 간략히 검토해 보기로 한다.

Ⅲ. 계열화제도의 역사와 현황 고찰

1. 계열화의 기원과 발전과정

계열화에 관한 ... 우리나라에서의 계열화의 실시는 크게 두 가지의 서로 다른 맥락에 기원을 두고 있다.... 지금까지 살펴본 바와 같이 우리 나라의 고등학교 단계의 계열화는 일본 식민정책의 결과와 미국 학제의 영향 및 실업교육을 강조한 미국 원조의 결과라 할 수 있다. 아울러 60년대 시작된 경제개발계획에 따른 실업교육의 양적 확대는 도입된 제도가 고정강화되는 중요한 동인이 되었다는 점도 살필 수 있었다.... 고등학교 계열화의 구조와 현황 및 고려되어야 할 제반의 문제점들을 정리해보기로 한다.

2. 계열화의 현황과 문제점

앞서 살폈던 ... 고등학교의 경우 교육목표는 고등보통교육을 실시하는 것이며, 실업계 고등학교의 교육목표는 중견기술인으로서의 최소한의 기술을 갖추게 하는 것이다.... 우리의 인문계 고등학교는 철저한 대학진학 준비교육을 실시하는 반면, 실업계 고등학교는 종결교육을 지향하기 때문에 상급학교 진학에 대한 준비를 시키지 못하고 있다.

Ⅳ. 연구방법

1. 연구설계

본 연구를 위해 고등학교 학생 생활기록부의 내용과 졸업 후 6개월이 지난 후에 실시한 설문조사를 통해 얻은 두 가지의 자료를 이용하였다. 따라서 서로 다른 두 시점에서 동일한 반응자에 대한 정보를 얻은 종단적 연구를 채택하고 있다.... 이러한 연구설계의 특징으로 인해 기존에 이 논문과 유사한 주제의 연구물들이 동일한 시점에서 모든 자료를 측정함으로써 발생했던 방법론적 제한점을 다소 극복한다고 하겠다.

2. 표집

본 연구를 위해 서울 시내에 소재하는 인문계 · 실업계 남자 고등학교 5개교를 표집하였다.... 총 표집수 900명 중에서 주소누락자 109명을 제외한 791명을 대상으로 한 조사에서 438명이 응답해 55% 정도 회수가 되었다.

3. 조사도구

본 연구에서는 우선 학생들의 계열배치 결정에 관련된 변인을 분석하기 위해 학생들의 배경변인과 능력변인을 사용하였다. 그리고 계열화의 결과요인으로서의 진로상황에 대한 변인을 측정하였다....

4. 자료처리과정

자료처리 과정은 크게 세 가지 단계를 거쳤다. 첫번째 단계에서는 고등학교 학생생활기록부에서 표집된 대상자들의 기초자료를 우선적으로 입력하였다.... 그리고 그 결과를 사용하여 변인들간의 인과관계를 분석하기 위하여 경로분석의 방법을 사용하였다.

5. 연구의 제한점

본 연구가 지니는 제한점을 제시하면 다음 네 가지로 요약될 수 있다. 첫째, 표집이 서울에 ...

V. 연구결과 해석

1. 고등학교 계열배치의 결정 요인

계열배치에 영향을 미치는 변인들로는 가정의 사회 · 경제적 배경변인과 지능검사 점수, 중학교 3학년 때의 학급석차로 대표되는 능력변인을 가정한다.

2. 고등학교 졸업 후의 진로유형

이 장에서는 ... 고등학교에서의 계열화가 고등교육의 위계화, 즉 고등교육에서의 계열화로 이어지고 있음을 시사하고 있다.

3. 대학교육 기회 획득

인문계 고등학교를 졸업한 학생들은 그들의 사회 · 경제적 배경, 능력 및 고등학교에서 배우는 교과과정의 성격상 대학진학의 가능성이 실업계에 비해 상대적으로 높으며, 따라서 대학진학을 통한 높은 직업지위 획득의 ... 우리 나라의 고등학교의 계열화가 근본적으로 능력주의의 가정에 입각해서 기능하며, 일단 계열이 결정되면 진로결정에 계열변인이 학생들의 가정배경에 관계없이 강력한 영향력을 발휘하고 있다.

Ⅵ. 요약 및 결론

1. 요약

지금까지 앞에서는 계열배치의 결정과 계열화의 결과요인으로 볼 수 있는 초기 진로결정 및 대학교육 기회 획득에 대한 분석을 하였다. 이러한 분석 결과를 다시 간략하게 요약 정리하면 다음과 잘다.

1) 고등학교 계열배치를 결정하는 요인

계열배치에 대한 배경변인과 능력변인의 ... 예컨대, 계열결정에는 배경변인들보다는 능력변인들이 상대적으로 더 큰 직접효과를 미치고 있으나, 배경변인의 효과도 작용하고 있다.

2) 고등학교 졸업 후의 계열별 진로유형

계열별 학생들의 졸업 후 ... 고등학교의 계열화가 대학교육 수준에서의 계열화로 이어지고 있음을 입증한다고 볼 수 있다.

3) 대학교육 기회 획득결정 과정

전문대학, 4년제 대학의 수준을 ... 교육 정도에 차이를 만들어 내며, 이러한 교육 정도에 미치는 영향을 경유하여 사회 · 경제적 성취 정도에 영향을 미치고 있을 가능성이 큼을 알 수 있다.

2. 결론

이 연구는 효율적인 선발과 사회화의 기능을 수행하는 것으로 인식되어져 온 고등학교 계열화가 갖는 위계적인 합의와, 계열별로 나타나는 차등적인 사회배치를 살펴보고자 한 것이었다.... 본 연구의 결과, 우리나라의 고등학교에서의 계열화는 근본적으로 능력주의의 선발방식에 의해서 기능하며, 가정배경에 따른 차등화의 의미도 다소 포함하고 있다. 또한 일단 계열이 결정되면 학생들의 진로결정에 계열변인이 학생들의 가정배경에 관계없이 어떤 다른 변인들보다도 강력한 영향을 발휘하고 있다고 하겠다.

참고문헌

강무섭 외(1983),『직업교육의 비용-효과/수익 분석』. 서울: 한국교육개발원.

Shavit, Y. (1984). "Tracking and Ethnicity in Israeli Secondary Education". *American Sociology Review,* 49, pp. 210-220.

⋮

영문초록

A Longitudinal Study of the Linkage between Social Allocation and Educational Differentiation in Secondary Education....

⋮

〈부록-1〉 설문지

⋮

≪ 논문예시 2 ≫ 도덕교육에 있어서 지와 행의 관계

Ⅰ. 문제의 제기

수세기에 걸쳐 도덕철학자들은 도덕적 실천(행위)을 도덕영역의 중심적 부분으로서 간주해 왔다.[1] 실제로 이 점은 도덕철학이 보여 왔던 여타의 쟁점들에 대한 불일치와는 달리 도덕철학자 일반의 합의를 얻고 있다고 보아도 무방한 부분이다.... 우리들이 덕스럽게 되는 것이다[2].... 사람들에게는 근본적으로 도덕적 관심이 있다는 점을 당연히 전제하고 있기 때문이다.[3]

본 논문에서는 주지주의 도덕교육이 학생들의 '알면 행할 것' 이라는 생각에 지나치게 집착한 나머지 결과적으로 도덕교육에서 도덕적 실천을 제외시키고 있다는 점을 지적하고자 한다.

Ⅱ. 도덕적 지와 행에 대한 지식적 접근

A. 접근의 개요

주지주의 도덕관은 도덕적 지와 행의 연속을 주장한다. 즉 도덕적 판단과 도덕적 행위 사이의 관계를 매우 밀접하게 해석하는 것이다. 이에 의하면 도덕적 행위의 관건은 도덕적 지식의 앎 일부에 의존한다. 도덕적 행위를 했다는 것은 지식이 있다는 것이고, 비도덕적 행위를 했다는 것은 도덕적 지식을 모르기 때문이다.... 주지주의 도덕관은 도덕적 지식과 도덕적 행위를 논리적인 측면에서 어떻게 연관짓고 있는가? 이 방식은 도덕적 지식에서 도덕적 행위를 통합해 나가는 접근이다. 즉 이 접근은 도덕적 행위를 도덕적 지식으로 환원하는 형태를

---

1) B. Chazan, *Contemporary Approaches to Moral Education* (N.Y.: Columbia University Press, 1985), p. 16.

2) 이홍우, "두 가지 도덕과 두 가지 교육", 『교육의 목적과 난점』(교육과학사, 1985), p. 211.

3) *Ibid.*, p. 206.

취하는 것이다. 이를 위하여 이 도덕관은 도덕적 행위에 관계되어 있는 것으로 보이는 특정의 도덕적 지식을 설정하거나 분석한다. 이때 도덕적 지식은 도덕적 행위에는 충분한 것으로 간주되기에, 궁극적으로 도덕적 행위는 도덕적 지식으로 환원되는 것이다....

B. 도덕적 지와 행의 연속방식

주지주의적 지행의 연속은 하나가 아니라 여러 개다.... 특정한 행위 동기의 유무에 초점을 두어 대략 다음과 같이 두 형태로 나누고자 한다. 하나는, 특정한 행위동기를 가정하는 입장(RX)이나 다른 하나는 특정한 행위동기를 가정하지 않는 입장(RY)이다.... RX는 특정한 행위 동기가 이미 주어졌다고 생각한다고 하였다. 대부분의 철학자들은 이 동기를 사람의 자연적 분석에 의거하여 획정하는 방식을 사용해 왔다. 목적을 추구하는 방식은 사람마다 다를 수 있으나 목적을 추구한다는 것은 피할 수 없는 사실이라는 것이다.... RY는 RX와 같이 특정한 동기를 가정하는 방식은 사용하지 않는다. 이것은 도덕적 지식을 가지고 직접적으로 환원하는 방식을 취하는 것이다. 이를 위하여 이 방식은 우선 도덕적 지식을 분석한다. 즉, 도덕적인 지식을 가졌다고 할 때 갖추어야 하는 요건을 찾아내고자 한다는 것이다.... 하나의 말은 일상적 삶 속에서 사용되는 동안에 나름의 역사를 지니며 생성 변형되어 왔으며, 그러는 동안에 여러 가지 상이한 용도를 가지게 되었기 때문이다.[4] '지식' ... Russell은 믿음이 주체와 대상 사이의 다항적이고 복잡한 관계에서 성립한다는 견해를 채택하면서 믿음은 이후의 사실에 의해 검증됨으로써 참이나 거짓으로 판명된다고 하였다.[5] 예컨대, ...

C. 도덕적 지와 행위연속 방식의 오류

어떤 주장이든지, 하나의 주장이 타당성을 획득하기 위해서는 최소한으로

4) R. S. Peters, *Ethics and Education* (London: Allen & Untwin, 1966), p. 23.

5) B. Russell, *The Problems of Philosophy* (London: Oxford University Press, 1998), pp. 135-143.

갖추어야 하는 한 가지 요건이 있다. 그것은 하나의 주장이 확실한 기초 위에 입각해 있어야 한다는 점이다[6].... RX는 도덕적 행위의 동기가 되는 사람의 자연적 본성이 미리 주어져 있다고 생각하였다.... 인간의 자연적 본성은 여러 가지로 설정 가능하다는 점이다....

그렇지만 이러한 방법은 분명히 문제가 있다. 첫째, 인간의 자연적 본성은 여러 가지로 설정 가능하다. 인간의 행위동기인 자연적 본성을 단일적으로 획정할 수 있다고 하더라도 이것을 결정론적 시각에 입각하여 보는 태도는 잘못되어 있다.... RX는 도덕적 지식을 지나치게 축소하여 해석하고 있다.... RY는 특정한 도덕적 행위의 자연적 동기를 가정하지 않고 직접적으로 도덕적 지식에서 도덕적 행위로 이행하는 방식이다. 그렇지만 이 환원은 문제가 있다. 첫째, RY는 앎으로 환원하는 것이 아니다.... RY는 도덕적 지침, 판단, 추론 등이 믿음에 대하여 가지는 관계를 미루어 놓은 채, 안다는 것은 아는 대상을 믿고, 승인한다는 것만으로 도덕적 행위를 지식으로 환원하는 태도이다.... 그러나 우리는 동시에 지식이 반드시 믿음을 동반한다고 가정할 이유 역시 하나도 없는 것이다. 셋째, RY는 두 번째에서의 비판을 극복한다고 하여도 여전히 결점을 가진다. 이 결점은 이미 RX에 대한 비판 세 번째에서 제기된 것과 동류의 것이다.... 요컨대 주지주의 도덕관은 지나친 전제에서 출발하는 방법적 오류를 범하고 있다.... 주지주의 도덕관의 결함은 우리로 하여금 다른 방법적 접근을 요구하고 있다.... 그러나 요구되는 전제는 주지주의 도덕관에서와 같이 강한 것이 아니다. 이 전제는 누구나 동의할 수 있고 그래서 어떻게 보면 다룰 필요성이 전혀 없다고 생각되는 당연한 전제여야 하는 것이다. 이 약한 전제로부터 출발해야만 결과의 확실성이 보장되기 때문이다.

6) R. S. Peters, *op. cit.*, pp. 94-95.

Ⅲ. 도덕적 지와 행에 대한 행위적 접근

A. 접근의 개요

이 장에서 우리는 도덕적 지와 행에 대하여 앞서의 접근과는 정반대의 접근법을 사용하고자 한다. 즉 도덕적 행위를 도덕적 지식의 측면에서 규정하는 것이 아니라 도덕적 행위 자체에서 그것에 관련된 요인들을 찾아내고자 한다. 이를 위하여 이 장에서는 분석의 대상으로서, 일상의 도덕적 행위를 설정하고자 한다. 이는 일상의 모든 도덕적 행위를 도덕적인 것으로 받아들이는 태도이다....

B. 도덕적 행의 행위적 측면

도덕적 행위는 자체 내에 훈련의 측면을 포함하고 있다.... 직감적으로 생각할 때, 도덕적 행위를 처음부터 자연스럽게 할 줄 아는 사람은 없다고 하겠다. 도덕적 행위는 여러 상황에서의 시행착오적인 실행을 통하여 형성되는 것이 보통인 것이다. 본 절에서는 이러한 확신을 행위에 대한 Ryle의 분석을 원용함으로써 논의해 보고자 한다.... 그것은 규칙적용능력 혹은 성향이라고 하고 있다. 성향적 속성을 가진다는 것은 어떤 ... 그럴 가능성이 많다는 것이며, 혹은 반드시 특정한 변화를 경험한다거나 그럴 가능성이 많다는 것이다.[7]

결국, Ryle이 성향이라는 개념을 빌려 의도하는 것은 지능적인 실행이란 '상황적 기준 적용' ...

C. 도덕적 행의 지식적 측면

앞 절에서는 도덕적 행위에는 도덕적 지식 아닌 훈련의 요소가 있음을 논의하였다. 그렇지만 앞 절에서 도덕적 훈련만을 도덕적 행위의 한 요소로서 논의하고 도덕적 지식에 대하여 직접적인 논의를 하지 않은 것은, 본 논문이 주지주의의 도덕적 지식관에는 동의하고 있다는 인상을 줄 우려가 있다. 그래서 이 절에서는 이러한 인상을 피하고, 도덕적 지식에 대한 생각을 보다 명백하게 하기 위

7) G. Ryle, *The Concept of Mind* (N.Y.: Barnes & Noble, 1949).

하여 도덕적 지식 자체에 대해 언급하고자 한다.... 이 절에서는 도덕적 행위에 관련된 도덕적 지식은 주지주의에서와 같이 명제에 대한 단순한 기억이나 학문적인 사고의 능숙성으로만 규정할 수 없다는 점을 논의한다.

즉 일상의 도덕적 행위에도 도덕적 지침에 대한 앎이나 도덕적 추론이 개입되는 경우도 없지 않으나, 일상적인 도덕적 사고에는 보다 본질적 측면이 있는 것이다.... 우리는 일상의 도덕적 행위에 관련된 이와 같은 도덕적 사고를 '도덕적 이해' 라고 부르고자 한다.... 그것은 외양적으로 바라볼 때 불규칙적이기는 해도, 동시에 합리적이며 우리에게 파악 가능한 종류의 지식으로 생각되며 나아가 도덕적 세계를 포함한 세계 전체를 근거 짓는 궁극적 근원으로서 작용한다고 보고 있다.

Ⅳ. 도덕적 이해의 성장과 도덕교육

이 장에서는 이러한 도덕적 이해의 성장이 도덕교육이 기본적으로 지향할 바라고 파악하고자 한다. 일상생활의 전반적인 학습을 통해 도덕적 이해가 성장한다는 것은 도덕교육에 밀접한 것이다. 학습의 개념과 성장 혹은 발달의 개념은 교육에 있어서는 중요한 것들이다. 그러나 이 장에서는 도덕교육을 도덕적 이해로서만 한정시키지는 않는다. 도덕적 이해 이외의 다른 도덕교육이 존재하는지를 아울러 보게 될 것이다....

Ⅴ. 요약 및 결론

학교 도덕교육이 도덕적 명제를 암송하거나 합리적 · 도덕적 추론에 관계해야 한다는 주지주의 도덕교육관은 소크라테스(Socrates) 이후 줄곧 유지되어왔던 관점이었다.... 본 논문의 목적은 이러한 주지주의 도덕교육관의 핵이라 할 수 있는 도덕적 지와 행에 대한 기본 가정에 대하여 의문을 제기하고 대안적 파악방식을 제시하는 데 있었다. 제2장에서는 주지주의 도덕관을 그 환원방식에 따라서 두 가지로 구분하였다.... 그렇지만 이런 도덕관은 분석의 결과라기보다는 확인되지 않은 가정일 뿐이었고, 일상의 도덕을 비도덕으로 만드는 의도하지 않은 결과를 가져오는 어려움을 가지고 있었다. 그래서 제3장에서 지식을 우선적으로 하지 않고 반대로 행위로부터 지식으로 접근하는 방식을 채택하였다. 제4장에서는 제3장의 논의를 기초로 도덕교육에 대한 함의를 도출해 보는 것이 주된 목적이었다. 그 분석의 결과는 다음의 네 가지로 압축된다.

(1) 학교 도덕교육은 전반적인 도덕적 훈련과 도덕적 이해의 성장의 한 과정으로서 생각되어져야 하며, 학습자의 도덕적 이해에 개입해야 한다.

(2) 학교 도덕교육은, 명제에 대한 앎이나 명제의 합리적인 추론과 같은, 합리적 지식에 지나치게 집착해서는 안 된다. 오히려 그것은 전반적인 도덕적 이해를 촉진하는 한 요소로서 파악되어져야 하며, 그럴 때에만 도덕적 행위에 의미가 있다.

(3) 학교 도덕교육은 도덕적 이해 외에도 도덕적 동기에도 관계해야 한다. 도덕적 지식과 행위는 사실상 종합이 불가능하다.

(4) 학교 도덕교육은 학습자의 자율적인 도덕적 승인을 보장한다면, 어떠한 방법도 도입이 가능하다. 학교 도덕교육은 어떤 특정한 방법을 전제하지 않는다 ...

참고문헌

서영현. “도덕교육의 내용과 목표에 관한 연구”. 서울대학교 석사학위 논문. 1980.

⋮

Winch, J. P. *The Idea of a Social Science and It's Relation to Philosophy*. London: RKP, 1958.

⋮

≪ 서울대학교 연구윤리 지침 ≫

제정 2008. 6. 24

개정 2010. 7. 16

전문

서울대학교는 우수한 인재를 양성하는 고등교육기관임과 동시에 교직원, 연구원, 대학원생 등의 연구자들로 구성된 한국의 선도적 연구기관이다. 선도적 연구기관을 구성하는 서울대학교의 연구진은 학문의 발전을 통하여 한국 사회의 발전뿐 아니라 인류공영에 이바지하는 모범을 보여야 하는 중대한 책무를 지닌다.

연구자들의 지적 호기심은 탐구를 향한 원동력이며, 호기심으로 유발된 탐구는 우호적 환경을 통하여 꾸준히 지원될 때에 비로소 창의적 결과로 태어날 수 있다. 학문의 자유는 연구의 모든 과정에 생명을 불어넣는다. 사회적 통념, 편견, 관습은 때로 새로운 탐구 영역에 대한 호기심을 마비시킬 수 있으며, 때로 유발된 호기심이 창의적 연구결과로 이어지는 것에 대한 장애가 될 수 있다. 따라서 창의적 연구를 통하여 사회 발전에 기여할 것이 기대되는 서울대학교의 연구자에게는 유형, 무형의 구속 없이 연구할 자유가 보장되어야 한다.

그러나 모든 자유에는 책임이 따른다는 명제가 진리임을 잊어서는 안 된다. 연구행위는 사회적 행위이므로 그 사회에 통용되는 규범으로부터 자유로울 수 없다. 더 나아가 한국의 선도적 연구기관인 서울대학교의 연구진은 연구행위를 통하여 사회적 규범을 따르는 모범을 보일 책임이 있다. 아울러 서울대학교의 연구는 한국이라는 지역 사회를 넘어 국제 사회의 주목을 받고 있다. 따라서 서울대학교의 연구물은 국제적 규범에 부응해야 하며, 서울대학교 연구의 윤리성은 연구자 개인, 그의 소속 기관인 서울대학교와 더불어 국가의 신뢰도에도 영향을 줄 수 있는 폭넓은 함의를 갖는다.

세계는 변화하고 있으며, 지난 반세기 동안 한국 사회는 더 빠른 속도로 변화하였다. 다가오는 지식기반 사회에서 국가의 학문과 기술 수준은 국가 능력의 중요한 척도로 여겨지고 있으며, 대학은 이러한 지식 경쟁의 중심에 서 있다. 대학과 연구자 개인은 사회로부터 부단한 연구 경쟁과 연구 능력의 평가를 요구받고 있다. 또한 점차 확대되는 과학기술의 사회적, 경제적 파급효과는 연구결과물을 둘러싼 첨예한 이해관계를 야기하기도 한다. 환경의 변화는 연구와 관련된 새로운 행위규범을 요구한다. 본 연구윤리 지침은 서울대학교의 구성원들이 변화하는 환경 속에서 새로이 대두되는 사회적 요청에 미래지향적으로 부응하기 위한 초석으로 마련되었다.

제1장 연구자의 책임과 의무

제1조 (학문의 자유와 사회적 책임)

서울대학교의 연구자는 연구를 수행함에 있어서 학문의 자유에 기초하여 창의적 연구를 할 수 있는 권리를 가짐과 동시에 연구가 장기적으로 인류 문화 사회에 영향을 미침을 깊이 인식한다.

제2조 (지도자로서의 책임)

1. 교수는 연구원 및 학생들의 연구가 창의적으로 이루어지도록 성실히 지도해야 한다.
2. 교수는 연구원 및 학생들이 연구 수행 과정에서 준수해야 할 본 연구윤리 지침을 포함한 윤리기준을 숙지시켜야 한다.
3. 교수는 연구원 및 학생들에게 공정하게 저자 자격을 부여하고 자원을 배분하며 그들을 정당하게 대우해야 한다.
4. 교수는 박사후연구원 등 학문 후속 세대가 독립된 연구자로 성장할 수 있도록 지원해야 한다.

제3조 (연구비 지원을 받을 때의 책임)

1. 연구자는 연구를 위해 재정지원을 일부 또는 전부 지원받았을 때에는 이를 적절하게 밝혀야 하고, 재원을 투명하게 관리해야 한다.

2. 연구비를 지원받을 경우, 학문의 진실성과 자유를 제한받지 않도록 해야 한다.

3. 연구용역의 결과 혹은 연구용역과정에서 얻은 자료를 근거로 학술논문을 작성할 경우에는 연구비를 지원받은 사실을 명시함을 원칙으로 한다.

제4조 (연구 경력의 표현 시 지켜야 할 책임)

1. 자신의 교육 경력이나 연구 경력을 과장 · 왜곡 · 허위 기재하지 않아야 한다.

2. 연구비 지원 등 개인의 이익을 취하기 위해 자신에게 불리한 연구 경력을 고의로 축소하거나 누락해서는 아니 된다.

제2장 연구자의 책임과 의무

제5조 (원칙)

연구자는 연구결과를 발표함에 있어 다음 각 호의 사항들을 준수함으로써 학문적 진실성을 최대한 유지해야 한다.

1. 자신의 연구결과를 보고 · 발표할 때 정확하고 진실하게 서술해야 한다.

2. 연구결과가 발표된 이후에 본 연구윤리지침 위반 사항을 발견한 경우에는 지체 없이 연구결과의 전부 또는 일부를 철회해야 한다.

3. 연구결과를 대중매체에 과장하여 공개해서는 안 된다.

제6조 (연구자료의 기록 및 연구결과의 도출)

연구자는 정확하고 검증된 연구자료에 의거하여 연구를 수행하고 진실에 부합하는 연구결과를 도출하여 발표해야 하며, 다음 각 호의 행위를 해서는 아니 된다.

1. 제3장 제14조의 규정에 의한 연구 데이터 또는 연구자료를 허위로 만들거나 기록 또는 보고하는 행위

2. 연구 데이터를 임의로 변경 · 추가 · 누락함으로써 연구자료를 조작하는 행위

3. 연구자료를 과장, 축소 또는 왜곡하여 해석함으로써 진실하지 아니한 연구결과를 도출하는 행위

제7조 (타인의 연구성과 사용)

1. 연구자는 연구문헌 · 연구계획서를 작성함에 있어 원칙적으로 자신의 연구 아이디어 또는 자신의 연구 데이터에 기초해 자신의 문장으로 표현해야 한다.

2. 연구자는 연구문헌 · 연구계획서를 작성함에 있어 이미 발표(연구계획서, 학술지 게재 심사용 논문 등과 같이 출간되지 아니한 경우도 포함한다)되거나 출간된 타인의 연구성과를 그대로 또는 다른 형태로 변형하여 자신의 연구성과인 것처럼 사용해서는 아니 된다.

3. 연구자는 연구문헌 · 연구계획서를 작성함에 있어 자신의 연구의 독자성을 해하지 않는 범위 내에서 타인의 연구 아이디어, 연구 데이터 및 문장을 부분적으로 사용할 수 있다. 다만, 이 경우에는 정확한 출처표시 또는 인용표시를 해야 하고, 다음 각 호의 행위를 해서는 아니 된다.

1) 타인의 연구 아이디어 및 연구 데이터의 전부 또는 일부를 서술 방식을 달리하여 마치 자신의 연구성과인 것처럼 표현하는 행위
2) 타인의 저술 문장을 마치 자신의 문장인 것처럼 사용하는 행위(타인의 연속된 2개 이상의 문장을 인용표시 없이 그대로 사용한 경우에는 이에 해당하는 것으로 추정하고 전공 분야의 특성과 해당 학계의 의견을 고려하여 최종적으로 판정한다)
3) 단어의 첨삭, 동의어 대체 등의 변형을 통하여 타인의 저술을 발췌하고 조합하여 마치 자신의 연구성과인 것처럼 사용하는 행위(다만, 발췌 · 조합에 있어 소재의 선택 또는 배열에 창작성이 인정되고 정확한 출처표시 또는 인용표시가 되어 있는 경우는 제외한다)
4) 정확한 출처표시 또는 인용표시를 한 경우에도 연구의 독자성을 해할 정도로 타인의 연구성과 또는 그 재구성에 의존해서는 아니 된다. 다만, 리뷰논문(review article)과 같이 학계의 연구 동향을 소개, 정리 또는 평가하

는 경우는 제외한다.

5) 제2항 및 제3항의 규정에도 불구하고, 연구자는 이미 발표된 타인의 연구성과가 이미 교과서, 그에 준하는 서적, 또는 공개적으로 출간된 데이터 파일에 게재되어 일반적 지식으로 통용되는 경우에는 그 연구성과의 전부 또는 일부를 출처표시 및 인용표시 없이 사용할 수 있다.

제8조 (자신의 연구성과 사용)

1. 연구자는 연구문헌을 작성함에 있어 원칙적으로 자신의 연구 아이디어, 연구 데이터 및 문장을 사용해야 하고, 이전에 발표한 적이 없는 연구 결과물을 담아야 한다.

2. 연구자는 연구문헌을 작성함에 있어 당해 연구의 독자성을 해하지 않는 범위 내에서 이미 게재, 출간된 자신의 연구 결과물을 부분적으로 사용할 수 있다. 다만, 연구 데이터는 정확한 출처 표시와 함께 사용해야 하며, 당해 연구에서 처음 발표하는 것처럼 제시해서는 아니 된다. 과거에 작성한 논문에서 최소한 한 단락 이상, 또는 5개 이상의 문장을 연속적으로 재사용하는 경우에는 정확한 출처와 인용 표시를 해야 한다.

3. 연구자는 이미 발표된 자신의 연구성과가 이미 교과서 또는 공개적으로 출간된 데이터 파일에 게재되어 일반적 지식으로 통용되는 경우에는 그 연구성과의 전부 또는 일부를 출처표시 및 인용표시 없이 사용할 수 있다.

제9조 (중복게재 · 출간의 제한)

1. 연구자는 이미 게재 · 출간된 자신의 논문이나 저서의 전부 또는 일부를 정확한 출처표시 및 인용표시 없이 동일 언어 또는 다른 언어로 중복하여 게재 · 출간해서는 아니 된다. 연구 데이터나 문장이 일부 다르더라도 전체적으로 동일성이 인정되는 경우에도 또한 같다.

2. 제1항의 규정에도 불구하고, 연구자는 다음 각 호의 어느 하나의 경우 해당하는 게재 · 출간을 할 수 있다. 다만, 제1호부터 제6호까지의 경우에는 정확한 출처표시 또는 인용표시를 하는 것을 원칙으로 한다. 다만, 전공 분야의 특성과 해당 학계의 의견을 고려하여 예외를 인정할 수 있다.

1) 학위논문의 전부 또는 일부를 별개의 논문 또는 저서로 게재 · 출간하는 경우
2) 연구용역 보고서의 전부 또는 일부를 논문 또는 저서로 게재 · 출간하는 경우
3) 이미 게재된 논문들을 모아 저서로 출간하는 경우
4) 동일한 논문이나 저서의 전부 또는 일부를 동일 또는 다른 언어로 게재 · 출간하면서 해당 저작권자의 동의를 얻은 경우
5) 학술지에 짧은 서간논문(letter, brief communication 등)을 게재한 후 이를 긴 논문으로 바꾸어 게재 · 출간하거나, 연구 데이터 해석 또는 자세한 연구 수행 과정의 정보 등을 추가하여 게재 · 출간하는 경우
6) 이미 게재 · 출간된 논문 및 저서의 전부 또는 일부가 저자의 승인하에 다른 편저자에 의해 선택, 편집되어 선집(anthology)의 형태로 출간되거나, 학술지의 특집호에 게재되는 경우
7) 이때 게재 · 출간된 논문 또는 저서의 내용 전부 또는 일부를 교양서, 대중잡지 등 비학술용 출판물에 쉽게 풀어써서 게재 · 출간하는 경우
8) 그 밖에 위의 각 호에 준하는 게재 · 출간으로서 학문적 진실성에 위반되지 아니하는 경우
9) 이미 발표된 연구결과를 지식재산권으로 등록하는 것은 제1항 및 제2항의 규정과 관계없이 허용된다.

제10조 (저자 표시)

1. 연구자는 공동연구를 수행할 때 연구자들의 역할과 상호관계를 분명히 하고 그에 따른 책임을 다해야 한다.

2. 연구자는 연구의 계획, 개념 정립, 수행, 결과 분석 및 연구결과 작성에 현저하게 기여한 연구자들을 반드시 저자 또는 발표자로 표시해야 한다.

3. 연구결과를 발표할 때 저자 또는 발표자의 표시 순서는 참여한 연구자들의 협의에 따라 결정하되, 연구의 기여도 및 해당 전공 분야의 특성과 합리적 관행에 따라 공정하게 정해져야 한다.

4. 연구결과 발표자의 소속은 실험 및 집필 등 연구를 수행할 당시의 소속으로 표시해야 한다. 다만, 해당 전공 분야에 이와 다른 관행이 통용되는 경우에는

그에 따를 수 있다.

5. 연구의 계획, 수행, 개념 정립, 결과 분석 및 연구결과의 작성에 기여한 바가 없는 사람을 감사의 표시 또는 예우 등의 이유로 저자 또는 발표자로 포함시켜서는 아니 된다.

6. 연구책임자 또는 교수는 소속 연구원 또는 지도학생에 대하여 기여도에 부합하지 아니하는 저자 자격 또는 순서를 요구해서는 아니 된다.

제11조 (연구부정행위)

고의 또는 연구상 중대한 과실(연구자로서의 통상의 주의 의무를 현저히 위반한 경우를 의미한다)로 연구의 제안, 수행, 보고, 발표 등 전 과정에서 다음 각 호의 어느 하나에 해당하는 행위를 한 연구자는 연구부정행위의 책임을 진다.

1. 제6조 제1항을 위반하여 연구 데이터 또는 연구자료를 허위로 만들거나 기록 또는 보고하는 행위

2. 제6조 제2항을 위반하여 연구 데이터를 임의로 변경 · 추가 · 누락함으로써 연구자료를 조작하는 행위

3. 제7조 제2항 또는 제3항을 위반하여 타인의 연구성과, 연구 아이디어, 연구 데이터 및 문장을 마치 자신의 것처럼 사용하는 행위

제12조 (연구부적절행위)

1. 연구상 중대하지 아니한 과실로 인하여 연구의 제안, 수행, 보고, 발표 등 전 과정에서 제11조 각 호의 어느 하나의 행위를 한 연구자는 연구 부적절행위의 책임을 진다.

2. 고의 또는 중대한 연구상 과실로 다음 각 호의 어느 하나의 행위를 한 연구자는 연구부적절행위의 책임을 진다.

1) 제6조 제3호를 위반하여 연구 데이터를 과장, 축소 또는 왜곡하여 해석함으로써 진실하지 아니한 연구결과를 도출하는 행위
2) 제7조 제3항을 위반하여 타인의 연구 아이디어, 연구 데이터 및 문장을 정확한 출처표시 또는 인용표시 없이 사용하는 행위로서 제11조 제3호에 해당하지 않는 경우

3) 제7조 제4항을 위반하여 연구의 독자성을 해할 정도로 타인의 아이디어, 연구 데이터 및 문장에 의존하는 행위(출처표시 또는 인용표시 여부를 불문한다)
4) 제8조 제1항을 위반하여 이미 게재 · 출간된 자신의 연구 아이디어, 연구 데이터 및 문장을 마치 당해 연구에서 처음 발표하는 것처럼 하는 행위
5) 제8조 제2항을 위반하여 연구의 독자성을 해할 정도로 이미 게재 · 출간된 자신의 연구 아이디어, 연구 데이터 및 문장에 의존하는 행위(출처 표시 또는 인용표시 여부를 불문한다)
6) 제9조를 위반하여 이미 게재 · 출간된 자신의 논문 · 저서 · 보고서의 전부 또는 일부를 정확한 출처표시 및 인용표시 없이 동일 언어 또는 다른 언어로 중복하여 게재 · 출간하는 행위
7) 제10조 제2항 또는 제5항에 위반하여 연구에 직접적으로 기여한 바가 없는 자를 공저자에 포함시키거나 직접적으로 기여한 자를 공저자에서 고의적으로 배제하는 행위
8) 제11조에서 규정하는 연구부정행위를 묵인, 방조 또는 은폐하는 행위

제13조 (연구부정행위 및 연구부적절행위의 판정)

제11조 및 제12조의 규정에 의한 연구부정행위와 연구부적절행위의 해당 여부 및 위반의 정도는 전공 분야의 특성과 해당 학계의 의견을 고려하여 판정한다.

제3장 연구자료의 관리

제14조 (원칙)

연구 데이터(실험의 재료 · 과정 · 결과, 관찰 · 현장조사 · 설문조사의 결과 등 원자료를 의미한다) 및 연구자료(연구 데이터 및 이를 처리한 이차자료를 의미한다)는 다른 연구자가 동일한 조건하에서 동일한 결과를 재현할 수 있도록 이하에서 정하는 바에 따라 명확히 기록해야 한다. 다만, 전공 분야의 특성에 따라 예외가 인정될 수 있다.

제15조 (연구 데이터의 기록)

1. 연구 데이터는 연구의 독자성(originality)을 증명하고 연구결과에 대하여 법적 보호를 받을 수 있는 근거이므로, 연구노트에 정확히 기록해야 한다.

2. 연구노트는 연구실에서 발생한 모든 정보의 집합체로서, 연구자 자신뿐 아니라 연구실 내의 지식의 전수와 후속 연구를 위한 중요한 도구이므로 다음 각 호의 지침에 따라 정확하게 작성해야 한다.

1) 연구 데이터의 보존을 위하여 제본된 노트에 내구성 있는 필기구를 사용하여 서면으로 작성함을 원칙으로 한다. 연구 특성에 따라 전자문서 형태로 작성할 수 있다. 이러한 경우에는 서면 연구노트에 준하는 기록 인증 기능을 갖추어야 한다.

2) 연구 데이터는 연구일자, 일련번호와 함께 기록하여 위조 및 변조를 방지하고, 기록된 내용을 수정할 때에는 원래 기록을 식별할 수 있도록 수정 표시를 해야 한다. 실험기기의 출력물 등 노트에 기재할 수 없는 연구 데이터는 노트에 붙이거나 별도의 장소에 안전하게 보관하고, 보관장소를 연구노트에 기록해야 한다.

제16조 (연구자료 및 연구노트의 보관)

1. 연구책임자는 연구지료 및 연구노트를 보관 · 관리할 책임을 진다.

2. 연구노트는 서울대학교의 소유에 속한다.

3. 연구자료는 학계의 검증이 필요하다고 예상되는 기간(최소한 5년) 동안 보관해야 한다.

4. 보안이 필요한 연구자료는 일반인이 접근할 수 없는 장소에 보관하고, 컴퓨터 파일인 경우에는 접근 암호를 설정해야 한다.

5. 연구자료 또는 연구 데이터를 고의로 변조하거나 파괴하는 자는 제2장 제7조의 규정과 통일한 연구부정행위의 책임을 진다.

제4장 이해상충

제17조 (원칙)

연구의 계획, 자료수집, 분석, 해석, 출판, 결과 이용 등과 관련하여 연구자에게 제18조에 규정된 이해상충이 발생하거나 발생할 가능성이 있는 경우에는 연구의 공정성과 연구대상자의 안전 및 학문연구에 대한 사회적 신뢰가 손상될 수 있으므로, 연구자는 제19조에 규정하는 바에 따라 이해상충을 관리해야 한다.

제18조 (이해상충의 내용)

이해상충은 다음 각 호의 어느 하나의 사유로 인하여 공정한 전문가적 판단 또는 연구 수행에 부정적인 영향을 미칠 수 있는 경우를 의미한다.

1. 금전적 이해상충: 연구와 관련된 연구자의 금전적 이익으로 인하여 유발되는 경우
2. 인간관계적 이해상충 : 개인적인 친분이나 소속 기관의 영향, 또는 개인적인 갈등이나 연구 경쟁 등 사적인 인간관계로 인하여 유발되는 경우
3. 지적인 이해상충 : 특정한 연구 종류나 분야에 관한 종교적 신념이나 세계관적 내지 도덕적 소신 또는 이론적 확신으로 인하여 유발되는 경우
4. 역할충돌에 의한 이해상충 : 교육, 봉사, 외부활동 등 소속 기관의 구성원으로서의 역할이 연구 활동과 충돌함으로써 유발되는 경우
5. 기타의 이해상충 : 그 밖에 제1호에서 제4호까지에 준하는 사유로 인하여 유발되는 경우

제19조 (이해상충의 관리)

1. 연구자는 연구와 관련하여 이해상충이 발생할 현실적인 또는 잠재적인 가능성이 있는 경우에는 이를 모두 공개하여 투명성과 책임성을 확보하고, 연구에 부정적인 영향을 미치지 아니하도록 최선의 노력을 해야 한다.
2. 연구자는 연구계획서에 연구비 지원 내역, 후원자, 소속 기관, 그 밖에 제18조에 규정된 이해상충의 가능성이 있는 사유들을 명시해야 하고, 연구결과를 발표할 때에도 학술지에 이를 밝혀야 한다. 필요한 경우에는 연구대상자들에게도 이를 알려야 한다.

3. 이해상충의 정도가 중대하여 연구에 부정적인 영향이 현실적으로 발생할 우려가 있는 경우에는 연구자는 지체 없이 연구를 중지하거나, 연구를 계속할 때에는 당해 이해상충으로부터 독립된 전문가집단에 연구의 공정성에 관하여 감독을 의뢰해야 한다. 연구책임자는 이해상충이 있는 공동 연구자로 인하여 연구의 공정성이 손상되지 아니하도록 특정 연구 단계에서의 배제 등 적절한 조치를 취해야 한다.

제5장 인간 대상 연구의 윤리

제20조 (원칙)

1. 인간을 대상으로 하는 연구(임상시험, 의생명과학, 행동과학 등을 포함한다)의 연구자는 연구대상자의 인권과 건강 및 복지를 최대한 존중해야 한다.

2. 연구대상자에게 연구의 목적 및 절차, 예상되는 위험 등에 대하여 충분히 설명한 후 연구대상자의 자발적인 동의를 얻어야 한다. 다만, 서울대학교 생명윤리심의위원회 등 공인된 기구의 사전 허가를 받은 경우에는 예외로 할 수 있다.

3. 연구대상자에게 미치는 위험을 최소화해야 하고, 연구대상자의 건강과 복지를 중대하게 침해하는 연구를 수행해서는 아니 된다.

4. 취약한 계층에 속하는 연구대상자는 동의 과정이나 위험 등과 관련하여 특별히 배려해야 한다.

5. 연구대상자의 사생활의 비밀을 보장하고 개인정보를 보호해야 한다.

제21조 (생명윤리심의위원회의 심의)

1. 인간 대상 연구는 서울대학교 생명윤리심의위원회에 연구계획서를 제출하여 승인을 받은 후 시작해야 한다.

2. 서울대학교 소속 교원, 직원 및 학생을 대상으로 하는 연구의 경우에도 제1항의 규정과 같다.

3. 서울대학교 생명윤리심의위원회는 적절한 절차에 따라 독립적으로 심의하고 연구과정을 감독해야 한다.

제22조 (관계 법령의 준수)

그 밖의 사항에 관하여는 「생명윤리 및 안전에 관한 법률」 등 관계 법령을 준수해야 한다.

제6장 동물 대상 연구의 윤리

제23조 (원칙)

동물을 대상으로 하는 연구자는 실험동물의 건강과 복지를 존중해야 하고, 다음 각 호의 원칙들을 준수하여 과학적이고 윤리적으로 수행해야 한다.

1. 대체원칙: 비동물모형을 사용하거나 가급적 하등동물을 사용한다.
2. 축소원칙: 실험동물의 개체수를 줄이는 다양한 방법을 활용한다.
3. 개량원칙: 동물의 고통 및 불안을 제거하거나 최소화한다.

제24조 (동물실험윤리위원회의 승인)

동물 대상 연구는 서울대학교 동물실험윤리위원회에 연구계획서를 제출하여 승인을 받은 후 시작해야 한다.

제25조 (동물 대상 연구의 종료)

동물 대상 연구를 종료한 때는 다음 각 호의 사항들을 준수해야 한다.

1. 실험이 종료된 동물은 인도적인 방법으로 안락사시켜야 한다.
2. 실험동물의 사체는 각 실험동물시설의 장이 정하는 바에 따라 보관하고, 「폐기물관리법」에 의한 감염성폐기물 처리기준에 따라 처리해야 한다.

제26조 (관계 법령의 준수)

그 밖의 사항에 관하여는 「동물보호법」과 「실험동물에 관한 법률」 및 서울대학교의 관계 규정을 준수해야 한다.

第7장 연구의 안전 관리

第27조 (연구실 안전 관리)

1. 연구책임자는 연구실 사고 예방계획을 수립하고 연구원들에게 안전에 관한 정보를 제공하며 안전교육 이수를 독려하는 등 연구실 안전 관리를 위하여 최선의 노력을 해야 한다. 안전사고가 발생한 경우 지체 없이 이를 학교 당국에 신고하고 관련 대책을 미련해야 한다.

2. 연구원들은 연구실 안전을 도모하기 위하여 관계 법령, 기준 및 서울대학교의 연구실 안전 관리에 관한 규정을 준수해야 하며, 안전교육을 성실히 이수해야 한다.

3. 서울대학교는 연구자들이 연구실 안전 관리에 최선을 다할 수 있도록 교육기회의 제공 등 지원을 해야 한다.

第28조 (생물 안전 관리)

1. 생물자원(유전자변형생물체 및 미생물, 프리온 등 병원체를 함유하고 있을 것으로 예상되거나 혹은 병원체로 알려진 감염성 물질을 의미한다)을 이용하는 연구는 서울대학교 생물안전위원회에 연구계획서를 제출하여 승인을 받은 후 시작해야 한다.

2. 생물자원을 이용하는 연구자는 관계 법령에 따라 사전에 해당 연구시설을 서울대학교 환경안전원을 통하여 관계 정부기관에 신고하거나 또는 허가를 받아야 한다.

3. 유전자변형생물체를 수입하고자 하는 연구자는 사전에 서울대학교 생물안전위원회를 통하여 관계 정부기관에 신고해야 한다.

4. 그 밖의 사항에 관하여는 「유전자변형생물체의 국가간 이동 등에 관한 법률」 등 관계법령을 준수해야 한다.

第29조 (방사선 및 화학물질에 대한 안전 관리)

1. 방사성물질, 방사성물질 내장 기기, 방사선 발생 장치 등을 구매 · 사용 · 폐기하는 경우에는 관계 법령에 따라 사전에 서울대학교 환경안전원을 통하여 관계 정부기관에 신고하거나 허가를 받아야 한다.

2. 방사선을 취급하는 연구자는 방사선장해 방어를 위하여 서울대학교 방사선안전관리규정 등 관계 규정을 준수해야 한다.

3. 화학물질 안전 관리에 관해서는 「소방법」, 「유해화학물질관리법」 등 관계 법령을 준수해야 한다.

4. 인화성 물질은 원칙적으로 옥내 저장소에 보관하되, 실험실에는 실험에 필요한 최소한의 양을 둔다. 실험실에 보관되어 있는 모든 화학물질은 특성에 맞게 분류 · 저장해야 한다.

제8장 연구윤리 교육

제30조 (서울대학교의 책무)

1. 서울대학교는 소속 연구자들의 연구윤리의식 함양을 위하여 다양한 방법으로 연구윤리를 교육해야 한다.

2. 서울대학교는 연구윤리 교육을 위하여 연구윤리 강사진 확보, 연구윤리 교육 자료 개발 등 지원 방안을 마련해야 한다.

제31조 (연구자의 책무)

1. 모든 연구자는 연구윤리 지침의 내용을 숙지하고 이를 준수해야 한다.

2. 모든 연구자는 서울대학교에서 제공하는 연구윤리 교육에 적극적으로 참여해야 하고, 연구책임자는 소속 연구원 및 학생으로 하여금 이에 참여하도록 지도해야 한다.

제32조 (연구윤리 교육의 내용)

연구윤리 교육은 본 연구윤리 지침을 기본으로 하되, 전공 분야별 특수생을 고려하고, 구체적 사례와 방법을 포함해야 한다.

찾아보기

Abstract

How to Write a Research Paper

For Students in Behavioral Sciences and Education

Injae Im & Shinyoung Kim

<How to Write a Research Paper> is written to serve as a reference book for students in behavioral sciences and education.

The content and the organization of a research paper reflect the logical thinking in scientific investigation, and the preparation of a paper for publication is an integral part of the individual research effort. This book describes the requirements for the preparation of papers for publication, emphasizing the importance of organizing one' s thinking and of expressing ideas logically and with precision. Chapters in this book provide explanation on the elements of paper preparation and the editorial styles which are widely used.

저자소개

임 인 재

서울대학교 사범대학 교육학과 졸업
서울대학교 대학원 교육학 전공(석사)
미국 미네소타 대학교 대학원 교육심리학 전공(석사 및 Ph. D.)
미국 세인트 클라우드 대학교 심리학과 조교수
서울대학교 사범대학 교수
(현) 서울대학교 명예교수

주요 저서
『심리측정의 원리』(교육출판사)
『교육평가』(한국방송통신대 출판부)
『절대기준평가의 원리와 실제』(배영사)
『교육, 심리, 사회 연구를 위한 통계방법』(박영사)
『아동연구』(양서원)

김 신 영

한국외국어대학교 졸업
서울대학교 대학원 교육학 전공(석사)
미국 일리노이 대학교 대학원 교육측정 및 평가 전공(Ph. D)
한국교육개발원 연구원
한국교육과정평가원 책임연구원
한국외국어대학교 사범대학 교수, 사범대학 학장, 교육대학원 원장,
대학원 원장
(현) 한국외국어대학교 명예교수

주요 저서
『심리측정의 원리』(학연사)
『통계방법』(학연사)
『차별적 문항기능의 추출방법』(교육과학사)
『조사연구방법론』(한국교육개발원)
『예비교사를 위한 교육평가』(학지사)

제2개정판

교육·심리·사회 연구를 위한

논문작성법

초판 1쇄 발행 1993년 11월 25일
개정판 1쇄 발행 2006년 2월 25일
제2개정판 1쇄 발행 2008년 6월 20일
제2개정판 15쇄 발행 2024년 8월 14일

지은이 임인재·김신영

펴낸곳 서울대학교출판문화원
주소 08826 서울 관악구 관악로 1
도서주문 02-889-4424, 02-880-7995
홈페이지 www.snupress.com
페이스북 @snupress1947
인스타그램 @snupress
이메일 snubook@snu.ac.kr
출판등록 제15-3호

ISBN 978-89-521-0900-2 03800